AI時代の質問力

プロンプトリテラシー

「問い」と「指示」が
生成AIの可能性を
最大限に引き出す

岡瑞起／橋本康弘 共著

PROMPT LITERACY

SHOEISHA

はじめに

　人工知能（AI）の発展とともに、「大規模言語モデル」と呼ばれる革新的な技術が登場し、自然言語処理の分野に大きな変革をもたらした。特に2022年にOpenAI社がリリースした「ChatGPT」は、人とコンピュータが自然な会話を交わすことを可能にし、その衝撃は言語処理学会で「ChatGPTで自然言語処理は終わるのか？」と題する緊急パネルが開催されるほどだった。ある日突然、ひとつの学問領域の終焉が危惧されるほどのインパクトを持ったイノベーションは、そう簡単には体験できるものではない。

　本書は、こうした技術的ブレイクスルーを受けて、私たちに新たに問われるスキル「質問力」に焦点を当てる。大規模言語モデルは、私たちが投げかけるさまざまな質問に対して驚くほど自然な回答を返してくれる。しかし、それはどのような原理に基づいているのだろうか？この現実が私たちに求める変化とはどのようなものなのだろうか？

　第1章では、大規模言語モデルの登場が社会に及ぼした影響と、今後予想される変化について俯瞰する。そして技術的な要点を大まかにつかんでおくために、大規模言語モデルが動作する仕組みについても簡単に解説する。

　第2章では、「プロンプト」という概念を紹介する。プロンプトとは、人間がコンピュータに与える自然言語で書かれた指示書であり、大規模言語モデルに仕事を依頼する際の頼み方でもある。人も頼み方

が変われば返答の仕方が変わるように、大規模言語モデルにも良い頼み方、すなわち我々が欲する応答を返させるための適切な頼み方がある。それが「良いプロンプト」であり、そのような良いプロンプトを構成するための創意工夫を「プロンプトエンジニアリング」と呼ぶ。これが本書の核心となるテーマである。

　第3章以降は、具体的なプロンプトパターンの作成技術について解説していく。ペルソナパターン、反転インタラクションパターン、少数ショットパターンなど、大規模言語モデルの研究者や経験豊富なユーザによって発見された強力なパターンを学び、組み合わせて使えるようになれば、とても効果的に大規模言語モデルを使いこなせるようになるだろう。

　第4章では、大規模言語モデルが応答を返す際の思考過程のトリガーとなる「トリガープロンプト」の威力について論じる。Chain-of-Thoughtパターンに代表されるトリガープロンプトは、モデルの推論能力を大きく向上させることが知られている。その仕組みと使い方を理解することで、より高度な課題解決が可能になる。

　第5章では、複数のモデルを連携させたり、大規模言語モデルに記憶を持たせる「より発展的な技術」について紹介する。ReActパターンやRAG（検索拡張生成）、LLM-as-Agentといった最新のアプローチは、大規模言語モデルの可能性を大きく広げてくれるだろう。

最終章となる第6章では、本書の技術的な主旨からは少し逸脱するが、AIエージェントが私たち人間にとって今後どのような意味を獲得していくのか、新しい情報生態系の中で人間に求められる能力や態度について、自由に想像を巡らせてみたい。

　本書が目指すのは、大規模言語モデルという新しい技術を前にして、受け身の存在であることを止め、積極的に使いこなす側に回るための知識とスキルを提供することだ。

　読者の皆さんには、本書を通じて「質問力」というスキルを獲得し、新しい知的創造のためのツールとして大規模言語モデルを活用する喜びを体感していただければと思う。

　それでは、大規模言語モデルという新しい世界へ、さっそく飛び込んでみよう。

2024年6月

岡瑞起

橋本康弘

目次

本書内容に関するお問い合わせについて

このたびは翔泳社の書籍をお買い上げいただき、誠にありがとうございます。弊社では、読者の皆様からのお問い合わせに適切に対応させていただくため、以下のガイドラインへのご協力をお願い致しております。下記項目をお読みいただき、手順に従ってお問い合わせください。

●ご質問される前に

弊社 Web サイトの「正誤表」をご参照ください。これまでに判明した正誤や追加情報を掲載しています。

 正誤表　https://www.shoeisha.co.jp/book/errata/

●ご質問方法

弊社 Web サイトの「書籍に関するお問い合わせ」をご利用ください。

 書籍に関するお問い合わせ　https://www.shoeisha.co.jp/book/qa/

インターネットをご利用でない場合は、FAX または郵便にて、下記"翔泳社 愛読者サービスセンター"までお問い合わせください。電話でのご質問は、お受けしておりません。

●回答について

回答は、ご質問いただいた手段によってご返事申し上げます。ご質問の内容によっては、回答に数日ないしはそれ以上の期間を要する場合があります。

●ご質問に際してのご注意

本書の対象を超えるもの、記述個所を特定されないもの、また読者固有の環境に起因するご質問等にはお答えできませんので、予めご了承ください。

●郵便物送付先およびFAX番号

送付先住所　〒160-0006　東京都新宿区舟町5
FAX 番号　　03-5362-3818
宛先　　　　（株）翔泳社 愛読者サービスセンター

第 **1** 章

大規模言語モデルの登場

私たちが普段会話で使う言葉を「自然言語」と呼ぶ。コンピュータは従来、自然言語を理解したり話したりすることが苦手だった。そこで「**自然言語処理**（Natural Language Processing, NLP）」と呼ばれる研究分野が長らく発展を遂げてきた。文章要約や翻訳などがその代表的なアプリケーションだ。

　しかし、「**大規模言語モデル**（Large Language Models, LLMs）」の登場によって、そうした個別の重要な言語的タスクが汎用的なモデルですべて解決できるというイノベーションが起こった。何より驚愕だったのは、2022年にOpenAI社がリリースした「ChatGPT」というウェブアプリケーション上でコンピュータとの自然な会話が可能になったことだ。それは、2023年度の言語処理学会*で「ChatGPTで自然言語処理は終わるのか？」と題する緊急パネルが開催されたほどの衝撃だった。ある日突然、ひとつの学問領域の終焉が危惧されるほどのインパクトを持ったイノベーションはそうそう体験できるものではない。

　本書はこうした技術的ブレイクスルーを受けて、私たちに新たに問われるスキル「質問力」に焦点を当てる。大規模言語モデルは私たちが投げかけるさまざまな質問に対して素晴らしく自然な回答を返してくれる。果たしてそれはどのような原理に基づいているのか。この現実が私たちに求める変化とはどのようなものなのか。

　第1章では、大規模言語モデルの登場が社会に及ぼした、あるいは今後及ぼすであろう影響を俯瞰することで、本書の導入としよう。そして技術的な要点を大まかにつかんでおくために、大規模言語モデルが動作する仕組みについても簡単に解説する必要があるだろう。

＊：The Association for Natural Language Processing
　　https://www.anlp.jp/

1-1

社会現象となった ChatGPT

会話ができるコンピュータ

　2022年11月にChatGPTが登場し、あらゆる人々が使う技術となった。それまで一部の研究者や技術者の中で話題になっていた**人工知能**（Artificial Intelligence, AI）の技術が誰にでもアクセスできる技術として公開されたことで、社会現象となったのだ。

　こうした現象はAIの歴史を振り返ってみても非常に稀なことである。それまでのAI技術とは、あくまでエンジニアや研究者などその分野の専門家によって作られる技術であって、一般の人にまで簡単に届く技術ではなかったという点において全くの別ものなのだ。第3次AIブームの火付け役となった「ディープラーニング」にしても、一般の人がディープラーニングの技術に日常的に触れて何かをするということにはならなかった。

　ChatGPTの何がすごいのかと聞かれたら、もちろん何を聞いても非常に自然な文章で返答することだ。そしてそれ以上に、「**プロンプト**（prompt）」と呼ばれる自然言語を書くことさえできれば、誰でもそ

の恩恵を享受できるようになったことは特筆すべきポイントだろう。

　ChatGPTの登場は、コンピュータに指示するためのプロンプトを工夫することで、誰でも新しいタスクや使い方を「発見」することを可能にしたのだ。その結果、ソーシャルメディアや技術系のブログをみれば、AIで「簡単にパワーポイントが作れる方法」「大量の資料から簡単に競合会社を分析する方法」「広告のキャッチコピーを考える方法」など、さまざまなプロンプトが毎日のように発見され、共有されている。本当の意味でAIの民主化が起こった。

　ChatGPTの登場がなければ、この技術はひょっとしたら一部のエンジニアや研究者によって使われるのみで、現在のような発展をみることがなかったかもしれない。実際、ChatGPTのような生成AIを支える大規模言語モデルのコアとなる技術は2017年によってGoogleが開発したものだ[*]。その後も、GoogleやMetaのような巨大テック企業は大規模言語モデルの開発を進め、2021年にはGoogleから「LaMDA」という人間との対話に特化させたモデルが公開された。ChatGPTの開発の基盤となったモデル「GPT-3」は2020年に開発されたものだ。その時点で既に人間と会話をしたりと、専門家の間ではかなり話題になっており、開発元のOpenAIもプレスリリースなどを打ち、その宣伝に努めている。だが、実際に使うためにはエンジニアが付いてデモをするといったことが必要で、ChatGPTのように誰でもブラウザでサイトにアクセスするだけで会話できるというものではなかった。

　＊：Illia Polosukhin and Lukasz Kaiser「Attention Is All You Need」
　　（arXiv:1706.03762／2017）
　　https://doi.org/10.48550/arXiv.1706.03762

ChatGPTの成功

　ChatGPTのリリースは実は入念に準備されていたというわけではない。GPT-3の能力を大幅にアップデートさせた「GPT-4」の開発を行い、2023年初頭のリリースに向けて準備していたのだが、それでは、これまでと同様に多くのユーザに使ってもらうことにはつながらないのではないか、という経営陣の考えから、2022年の11月に急遽、一般向けのサービスとして対話型に特化したモデルChatGPTをリリースすることを決定したのだ[*1]。

　それまでの1年間、エッセイの執筆やプログラミングの問題を解くことができるGPT-4のリリースに向けて取り組んでいたOpenAIの社員には、この発表に戸惑う者もいたらしい。モデルはほとんど完成し、テストと微調整を行えばあと数ヶ月でリリースできるところまで準備が整っていたからだ。ユーザが自分で試せるようなチャットボットとともに、GPT-4は提供される予定だったと言う[*2]。

　しかし、OpenAIの経営陣はライバル会社がチャットボットをリリースするのではないかと心配し、それより前になるべく早く自社のサービスをリリースすべきだと判断したのだ。実際、ChatGPTがリリースされた2022年11月30日のわずか15日前の11月15日にMetaが「Galactica」という主に科学者向けの新たな大規模言語モデルをリリースした。Galacticaは、科学者やメディアからモデルの応答が不正確で偏っているとの批判が殺到し、リリースからわずか3日後の11月17日に閉鎖に追い込まれたのだが、ライバル会社がいつ一般向けのチャットボットをリリースしてもおかしくないとOpenAIのトップは考えていた。そこで、チャットボットのみのリリースを急ぐべきだと判断した。それまでGPT-3をベースに改良していた未発表のチャットボット

の開発を一旦ほっぽり出し、GPT-3のままですばやく何かリリースすることにしたのだ。その結果、その13日後にChatGPTが誕生することとなった。

ChatGPTのリリースは歴史に残る大成功を収めた。リリースしてから5日間で100万人という史上最速でのユーザを獲得し[3]、数ヶ月で世界的な社会現象になるほど話題を集めた。何百万人もの人々が詞を書いたり、アプリを作ったり、ブレインストーミングしたり、新しい企画を考えたり、ときには相談相手になってもらうためにChatGPTは利用されている。

[1, 2]：小林雅一『生成AI 「ChatGPT」を支える技術はどのようにビジネスを変え、人間の創造性を揺るがすのか?』（ダイヤモンド社／2023）
https://www.diamond.co.jp/book/9784478118184.html
[3]：100万ユーザ獲得までに要した日数を他のウェブプラットフォームと比較すると、たとえば2004年発表のFacebookは10か月、2006年発表のX（旧Twitter）は2年、2010年発表のInstagramは2か月半と報告されている。5日間という爆発的な速さが際立つ。

ChatGPTを支える技術

では、ChatGPTの成功はどんな技術に支えられているのだろうか。

ChatGPTの成功は、以下で説明する「**トランスフォーマー**（Transformer）」と「**自己教師あり学習**（Self-supervised Learning）」という2つの技術に基づいている。これらの技術はChatGPTに限らず、2024年5月現在利用可能なさまざまな大規模言語モデルに共通して使われているコア技術である。

そのため、これら2つの技術の理解を深めることは、ChatGPTのような大規模言語モデルを使いこなすための基礎知識となる。何か人にものを頼むときに、その人が何をどのように学んできたかを知ってい

ると、何が得意で何が不得意なのか、あるいはどのように情報を伝えれば良いか想像がつくように、大規模言語モデルの仕組みを理解していると、何に使えるのか、どのように発展させられるのか、あるいは反対に何が不得意なのか把握する手助けになる。技術を最大限に活用するためには、それに関する最低限の知識は必要だ＊。

＊：「技術の鍵は「トランスフォーマー」と「自己教師あり学習」松尾豊氏が、第3次AIブームからひもとく"AIの歴史"」(logmiTech)
https://logmi.jp/tech/articles/329053

トランスフォーマー

　トランスフォーマーは、現在のAI技術の盛り上がりを牽引するディープラーニング技術のひとつである。ディープラーニングは、人間の脳の構造を模倣した多層ネットワークによって、複雑なパターンを捉えることができるコンピュータモデルだ。画像認識や感情分析などの複雑なタスクを精度良くこなし、ビジネスへの応用も進んでいる。

　しかし、自然言語処理と呼ばれる人間の言葉を扱うタスクの精度は伸び悩んでいた。自然言語処理では、文の構造や文脈を理解するための高度な能力が求められるが、従来のディープラーニングではこれらの要素を十分に捉えることができなかったからだ。

　たとえば、次のような文があるとする。

「日本の首都は東京です。東京には多くの観光スポットがあります。」

　この文章に対して、「多くの観光スポットがある都市はどこですか？」と質問した場合、答えは「東京」となる。だが、トランスフォーマー

以前のモデルは「日本」という間違った答えを返すことがあった。これは、従来のモデルが「観光スポット」と「東京」が強く関連していることや、「東京」が「都市」であるという文脈を正確に把握できなかったためである。

　この問題を解決する新たなディープラーニングモデルとして登場したのがトランスフォーマーだ。この革新的なモデルは2017年にGoogleの研究チームによって発表された論文『Attention is All You Need（注意こそがすべて）』で提唱された。

　トランスフォーマーで提案された「**注意（アテンション**, Attention）」という仕組みは、文章の構造や文脈の理解を飛躍的に向上させた。

自己注意：文章中の単語間のつながりを捉える

　アテンションの仕組みは大きく2つに分けられる。そのうちのひとつである「**自己注意**（Self-attention）」は、文章内の各単語がお互いにどのように関連しているかを捉え、その関係の強さを「重み」として表現し、学習する。この重みは、単語間の関連性の強さを数値で示したもので、文脈に応じて単語間の関係の重要性を判断する。

　たとえば、「日本の首都は東京です。」という文章の場合、単語間の重みは「日本」と「首都」の間、さらには「首都」と「東京」の間で大きくなる。一方で、「首都」と「です」や「。」の間の重みは小さくなる。これによって、文脈に基づいた単語間のつながりをより適切に捉えることができる。

　さらに、自己注意の仕組みを使うと、長い文章でも遠く離れた単語間の依存関係も取り出すことができる。「これ」「それ」「あれ」といった指示代名詞やトピックを表す言葉が、文中の遠くに離れた箇所に現れることがよくある。そういった依存関係をうまく捉えられるのだ。

マルチヘッド自己注意：複数の視点から文章を理解する

自己注意は同じ文章に対して並列的に行われ、同時に複数の「視点」から関係性を捉えることができる。これがもうひとつのアテンションの仕組み「**マルチヘッド自己注意**（Multi-head self-attention）」だ。

たとえば、「日本の首都は東京です。東京には多くの観光スポットがあります。」という文章で、マルチヘッドは「東京」と「都市」の間の関係を捉える。この場合、関係は「所属」や「分類」であり、「東京」が「都市」というカテゴリに属していることを示す。さらに、「多く」と「観光スポット」の間の修飾関係も捉えることができる。さまざまな視点から単語間の重みを捉え、文脈を深く理解する。

どのような視点を捉えるかは、与えられたデータからトランスフォーマーが自動的に学習する。さまざまなデータでモデルを学習させることで、多様な関係性を学習して表現できるようになるのだ。異なる視点から文を解釈し、それらの視点を組み合わせて文全体の理解を深める。その結果、より豊かな文の解釈へとつながる。

文の構造や文脈を捉えることは、人間でもけっして簡単なタスクではない。だが、トランスフォーマーはその高度な処理能力を駆使して、複雑な文章を解析し、文脈を把握できるのだ。トランスフォーマーの登場によって、自然言語処理の精度が飛躍的に向上する土台が整った。

自己教師あり学習：
穴埋め問題を解くように自己学習

もうひとつの技術が自己教師あり学習と呼ばれる方法だ。一言で言うと、既存の文章から自動的に予測問題を作成し、答え合わせをしな

がら自己学習を進める方法だ。

　そのために、まず入力された文章から一部を隠して穴埋め問題を作る。

　たとえば、「日本の首都は東京です。」という文章からは、以下のような問題を作る。

- 「日本の首都は（　　）です。」
- 「（　　）の首都は東京です。」
- 「日本の（　　）は東京です。」

　次に、（　　）に入る言葉をモデルに予測させ、答え合わせをしながら学習する。これが自己学習の過程だ。こうした方法を「教師あり」と呼ぶのは、モデルが答えに合うように学習していくからだ。「自己教師あり」とは、正解は存在するが、それは元々のデータに既に存在するもので、人間が新たに与えるものではないという意味である。学習が適切に進んでいるかは、モデルが生成した穴埋め問題の結果と、答えが合っているかどうかでチェックする。

　自己教師あり学習のメリットは「教師データ」と呼ばれる「質問と回答の組」を人間が用意しなくても良いことだ。従来の教師あり学習では、対象となるタスクの専門家が教師データを用意する必要があった。翻訳タスクであれば元の文章と翻訳された文章の組、要約タスクであれば元の文章と適切に要約された文章の組などだ。これが自己教師あり学習では、インターネットやデータベースに存在する膨大な種類、膨大な量のテキストが、そっくりそのまま教師データとなる。

　穴埋め問題を解くためには、文章の文脈、構造、つながり、背景知識などを学習する必要がある。トランスフォーマーを使うと、これが可能だ。トランスフォーマーはテキストデータを読み込みながら、単

語間の関係を捉え、予測確率を高めるように学習する。もし間違っていたら、正しい答えに合うように学習した重みを調整していく。この学習を通じて、モデルは穴埋め問題の達人として文章を生成できるようになる。つまるところ、大規模言語モデルが行う文章の生成とは、ある単語の系列の次に来る単語＊の穴埋めなのだ。それは、さまざまな問題のパターンを記憶している予備校の先生のような試験のプロが、与えられた問題の背後にあるパターンを瞬時に記憶から引き出し、回答するのに似ている。

＊：ここまで「単語」という言葉を用いてきたが、大規模言語モデルが処理を行う対象は、正確には単語ではなく「トークン（Token）」と呼ばれる単位だ。単語は文字の並びであり、文字はコンピュータの中では数値（バイト，Byte）の並びで表現されている。意味のある文字の並びを単語として抽出する処理は、それ自体、自然言語処理の重要なタスクだ。しかし、どこからどこまでがひとつの意味の単位であるかを明らかにすることは難しい。したがって、頻出する文字列のパターン、さらに進めて頻出するバイト列のパターンを意味の最小単位とする方法が考え出された。大規模言語モデルが扱うトークンとは、この頻出する「バイト列のパターン」だ。英語（1文字1バイト）の場合、結果として1トークンは概ね1単語に対応するケースが多いが、日本語のようにマルチバイト文字を扱う言語ではまた異なるようだ。本書では、「トークンを出力する」ことを、わかりやすさのために「単語を出力する」と表現する。

大規模言語モデルへ

さて、トランスフォーマーと自己教師あり学習を使うと、テキスト解析の精度が飛躍的に向上するということが研究者やエンジニアの間で話題となり、AI研究者たちはこぞってこの手法を用いた研究開発を進めていった。そうした開発が盛んに進められる中、トランスフォーマーには従来の言語モデルと異なる特徴があることが明らかになってきた。

それはモデルを大規模化すればするほど、学習データを増やせば増やすほど、精度が向上するということだ。モデルのサイズとデータ量

を増やすことで、文中の単語のニュアンスや文脈の理解が向上する。

　「大は小を兼ねる」という言葉があるように、大きなモデルのほうが精度が良いのは当然ではないか、と思うかもしれない。だが、トランスフォーマー以前のモデルでは、モデルを大きくすると、ある時点で性能が頭打ちになるという現象が起こっていた。そのため、タスクによって適切なモデルサイズにすべきだというのが常識だった。パラメータ数が多くモデルのサイズが大きいと「**過学習**（Overfitting）」に陥るのだ。

　過学習とは、モデルが学習データに過度に適合し、未知のデータに対する性能、いわゆる「**汎化性能**（Generalization Performance）」が低下する現象を指す。これはたとえば、テストの過去問だけを繰り返し解いた学生が、本番の試験では対応できない状況に似ている。

　しかし、トランスフォーマーは過学習に陥りにくく、大規模化しても性能が上がり続けた。2018年にGoogleが発表した言語モデル「BERT」はパラメータ数が3.8億だったが、2年後のGPT-3は1,750億に増加し、さらに翌2022年のGoogle「PaLM」は5,400億、中国の「悟道2.0」は1兆7,500億と、モデルは大規模化していくとともに、精度も向上していった。

　なぜ大規模化しても精度が上がり続けるのか。それは自己注意機構のおかげで、並列的な計算によって大規模なモデルでも学習が比較的に高速に行える、といったことがその理由として挙げられている。しかし、モデルの中で何が起こっているのか、なぜこのようなことが実現できるのかということは、まだはっきりとはわかっていない。その解明が進められているが、トランスフォーマーと自己教師あり学習によって、これまでとは違うことが起こっているということは確かと言えそうだ。

対話に特化した学習

さて、ここまでトランスフォーマーと自己教師あり学習という2つ
の技術について紹介した。これらの技術がChatGPTの名前にも反映
されている。GPTは「Generative Pre-trained Transformer」の略
で、トランスフォーマーを使い、事前学習*された生成モデルである
ことを意味している。

そして「Chat」という部分は、このモデルが人間との対話、つまり
チャットに特化して学習されたことを示している。要するに、トラン
スフォーマーと自己教師あり学習のモデルをカスタマイズし「対話用
の仮面を被せたモデル」ということだ。

事前学習によって、モデルは大量のテキストデータを読むことで、
一般的な言語知識を習得する。これは、人間が本などの文章を読むこ
とで言語を学ぶのと似ている。ただし、この段階ではあくまで本から
得た知識であり、人との会話に必ずしも適しているわけではない。外
国語をテキストだけで学んだ場合、実際の会話では少し不自然な会話
になることがある。自然な会話を身につけるためには、その言語の話
者と実際に話す豊富な経験が必要だ。

モデルに対しても同様のことが言える。人との対話に特化するよう
に、事前学習を終えたモデルを対話用にカスタマイズしてあげる必要
がある。この追加の学習を経て、より自然な会話を可能にしたのが
ChatGPTだ。

具体的には、次の3つのステップを通してモデルのチューニングを
行う。

1. モデルに質問への適切な答え方を教える。

2. モデルが生成する答えが良いか悪いかを、人間がフィードバックする。

3. たくさんの良い評価をもらえるように、モデルをさらに学習させる。

　ステップ1では、テキストで学んだ言葉の使い方しか知らないモデルに対話の仕方を教えてあげる。たくさんの質問と答えのペアを使って、問題が与えられた際にどのように答えを生成するかをモデルに教える。穴埋めだけでなく、対話できるようにするのだ。たとえば、「日本の首都は?」という質問に対して、「東京です」といった、問題と答えのペアをたくさん用意し、問題が与えられたら答えを生成できるようにモデルを調整する。これを「**追加学習**（Fine-tuning）」と呼ぶ。追加学習は汎用的な学習モデルの特定ドメインにおける性能を引き上げるための一般的な方法だ。

　ステップ2では、モデルが生成した答えに対して、人間が評価を行う。モデルがどれだけうまく応答したかを評価するためだ。きちんとした回答をすると〇、そうでないと×、あるいは誹謗中傷をしてしまうと×、失礼なことや攻撃的なことを言うと×、というように人間が〇×をつける。たとえば、「最近仕事が忙しくて、ストレスがたまっています。何かリラックスする方法はありますか?」に対して「仕事をやめるのが一番です。」と答えたとしよう。この回答はあまり現実的ではないため×。一方、「リラックスする方法としては、深呼吸、短い散歩、好きな音楽を聴く、ヨガや瞑想を試すなどがあります。」と答えると、実際に試してみる価値がある回答ということで〇。

　ステップ3では、人間のフィードバックを参考にして、〇を得るような答えを生成できるようにモデルをさらに学習させる。先ほどの「リラックスする方法」に関する質問では、深呼吸をするなどの方法を提

示した応答を生成することを学んでいくわけだ。これを「**RLHF**
(Reinforcement Learning from Human Feedback, 人間からの
フィードバックに基づく強化学習)」と呼び、モデルは×の返答からは
何を避けるべきか、○の返答からは何が望まれているかを学ぶ。両方
の評価を組み合わせることで、モデルはより適切な応答を生成する能
力を向上させる。

　GPTに対話用の衣を纏わせたことで不適切な発言を減らしたこと
が、ChatGPTが多くのユーザに受け入れられた大きな要因だ。

＊：「事前」とは何を指すのか訝しむかもしれないが、単に「モデルをリリースする前」とい
　　う意味だ。対照的な概念としては、本節で登場する「追加学習」や、後の節で登場す
　　る「文脈内学習」がある。

AIアライメント

　それまでの対話型AIは人間のフィードバックに基づいた学習を行っ
ておらず、先に紹介したMetaのGalacticaのように公開後に炎上して
しまったものもある。Galacticaの他にも、2016年にMicrosoftが発
表した「Tay」はリリース後わずか15時間でヘイト発言を繰り返すよ
うになり、1日で公開中止になった。同じように、2020年の韓国企業
ScatterLabの「Lee-Luda」もヘイト発言が原因で公開から20日で中
止に追い込まれている。自由に手に入るテキストデータには、それだ
け不適切な言い回しや言説があふれているということなのかもしれな
い。

　だが、もちろんこのフィードバックによる学習が完璧というわけで
はない。2023年2月、OpenAIの技術を活用したMicrosoftの検索
サービス「Bing」はユーザとの会話中にユーザを見下し謝罪を要求す

るといった返答を生成し、口論となる事件が発生している。

　こうした事象を避けるための、より人間に協調的なモデルにしていこうという動きも活発化している。これは「**AIアライメント**（AI Alignment）」と呼ばれ、「人に寄り添う」AIシステムを意味する。しかし、AIが選択するかもしれないすべての発言や行動を事前に予測し取り除くことはそもそも不可能ではないかという意見もあり、AI開発の方向性については盛んに議論が行われている。もちろん、こうした議論は以前から存在したが、ChatGPTの登場によって一気に問題が現実味を帯びてきたということだろう。一部の専門家だけでなく一般に広く浸透するサービスが現れたことで、社会全体に関わる課題が浮き彫りになってきたのだ。

1

2

3

4

5

6

1-2

AIによって仕事は
どう変わるのか

さて、ここまで現在のAIを牽引している大規模言語モデルの3つの
コアな技術について解説してきた。これらの技術を押さえると、
ChatGPTが人との対話に特化したように、目的に合わせた学習をモデ
ルにさせられるということがわかるはずだ。会社で行っている業務に
関するデータを使って、業務に特化したモデルにすることもできる。
たとえば、会計、法律、医学、教育など、さまざまな分野に特化した
モデルを作成できるのだ。

AIがもたらす仕事への影響

そう考えると、言葉を使って行っている多くの仕事が大規模言語モ
デルによって影響を受けるはずだ。実際、OpenAIやペンシルバニア
大学の2023年の研究＊によると、米国の労働人口の80%の人が仕事に
関連するタスクの少なくとも10%がAIによって影響を受け、5人に1
人が日常タスクの少なくとも半分に影響を受けると推測されている。
　つまり、かなり多くの仕事に影響が出るということは間違いなさそ

うだ。もし影響を受けることが避けられないとすると、AIによって仕事はどのように変わるのだろう。

＊：Tyna Eloundou and others「GPTs are GPTs: An Early Look at the Labor Market Impact Potential of Large Language Models」（arXiv.2303.10130／2023）https://doi.org/10.48550/arXiv.2303.10130

AIがもたらす生産性の変化

まず変わるのは仕事のアウトプットの生産性だろう。生成AIが業務の中で使われることによって、生産性はどのように変化するのだろうか。

生成AIの技術をいち早く業務に取り入れているのはソフトウェア開発などのコンピュータ業界だ。この分野での仕事への影響を見ることで、他の分野にどのような影響があるのかの参考になる。たとえば、プログラムを書くときのサポートツールである「GitHub Copilot」を使った例をみてみよう。開発者がコードを書く際にリアルタイムで提案を行ってくれるため、コードを書く手間を大幅に減らすことができる。それだけでなく、作成したいコードの内容をコメントで提示すると、Copilotがコードを提案してくれる。適切な指示をコメントで行えば、コメント以外は何も入力せずにプログラムを書くことも可能だろう。

Copilotは「副操縦士」という名前の通り、AIと一緒にプログラムを書くような体験を提供する。ペアプログラミングとは、2人の開発者が1台のコンピュータで交互にコードを書き、お互いのコードをレビューしながら開発を進める手法だ。Copilotを使うとAIがペアプログラミングの相手になってくれる。実際にCopilotを使ってみると、

それなしではもう書きたくないと思わせるような優秀なツールだ。プログラム言語の文法や使い方を調べるためにウェブで検索することも多かったが、そうした手間がなくなり、エディタ上で作業が完結する。さらに、コメントから自動生成されたコードをチェックすれば良いというお手軽さは、第三者的視点でコードをチェックできるメリットもある。バグが入り込みにくいという効果もあるのではないだろうか。ペアプログラミングの効果そのものだ。

AIは初心者の生産性を向上させる

さて、Copilotを使ってタスクを行うとどれくらい効率性が上がるのかの定量的な評価も行われている。マイクロソフト・リサーチらの研究グループが行った実験では、Copilotを使ったグループと使わなかったグループを比べて、タスクを完了するまでの時間と達成度合いがどのくらい異なるかを測った。その結果、Copilotを使ったグループは使わなかったグループに比べて約60％も短い時間でタスクを完了できたと報告している。タスクはJavaScriptというプログラム言語を使ってHTTPサーバーを書くというもので、作ったサーバーの性能評価も行われた。サーバーを作るタスクにかかった時間はCopilotを使ったほうが早く終わったが、その性能には差が見られなかったとのことだ。

この実験は、募集して集められた95人のフリーランスプログラマーを対象に行われたのだが、その中で特にプログラマーとしての経験年数の浅い開発者ほどCopilotを使うメリットが大きかったと報告されている。プログラマーとして経験が浅いときは、頻繁に関数の仕様を確認したり、そもそもどのような関数を使えば良いかを検討したりするのに時間がかかってしまうことが多い。Copilotがコードを提案してくれることで、調べる時間を大幅に減らせることにつながっている

のだろう。さらには、「Copilot Chat」のような、対話しながらコードを一緒に書ける機能の開発も進んでいる。こうした機能が充実していけば、開発スピードだけでなく、コードの質も向上していくかもしれない。実際、実験でも統計的な有意差はなかったものの、Copilotを使った開発者のほうがエラーの数が少ない傾向を示している。

難しいタスクでは熟練者の能力も向上させる

　Copilotの実験では、特にプログラマー初心者への恩恵が大きいという結果を得たが、熟練者への影響はどうなのだろう。おそらくだが、難しいタスクであればあるほど、生成AIは熟練者にもたらす影響も大きいのではないかと考えている。HTTPサーバーを作るというタスクにおいては、タスクを完了するまでに満たすべき仕様も明確で、何をすれば良いかははっきりしている。したがって、仕様に従って機能をひとつずつ丁寧に実装していけば、特に複雑な試行錯誤を必要とせずにタスクを完了できる。

　一方で、囲碁のように次にどの手を打つべきかが対戦相手の動きによって変わっていくような、ゴールまでの道筋が現時点では明確ではないタスクでは、熟練者にも生成AIの恩恵がもたらされるはずだ。次の図は、囲碁プレイヤーがAIを用いた学習を始めて以降、どのようにスキルが向上したかを示すグラフだ。このグラフを見ると、AIとの対戦を通じた学習を始めてから、新しい戦略の数が急激に増え、ミスをする回数も減り、打つ手の質が向上している。

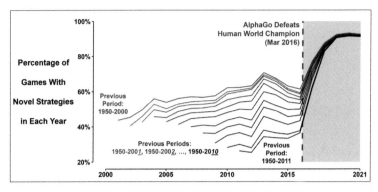

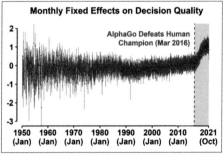

出典：Minkyu Shin and others「Superhuman artificial intelligence can improve human decision-making by increasing novelty」（The Proceedings of the National Academy of Sciences／2022）
https://doi.org/10.1073/pnas.2214840120

　この傾向は、経験の浅いプレイヤーや若手のプレイヤーにも見られたが、経験豊富なプレイヤーや年配のプレイヤーではさらに顕著だということだ。AIが提案する新しい戦略は、経験豊富なプレイヤーほどその価値や真意をうまく活用できるからかもしれない。囲碁の名人が、AIとの学習を通じて、従来の戦略に囚われず新しい手法やアプローチを学び、その結果、自身のスキルや戦略の幅が大きく広がったと述べている。膨大なデータで学習されているAIは、多くの知識を確かに持っている。そこから有益な知識を引き出すには、その分野の知識があればあるほど有利なのだろう。分野の知識があればあるほど、より

高度なツールの使い方ができるのだ。大規模言語モデルのような生成AIと、いわゆるこれまでの古典的な機械学習モデルとの大きな違いはここにある。使う人によって、どんな知識を引き出せるかが大きく違ってくる。

このように、AIとの協働は、初心者からプロまでその能力を飛躍的に向上させる。その結果、将棋の世界で藤井聡太さんのような天才プレイヤーが生まれたように、どの分野でもそのような人が生まれてくるかもしれない。

人々の態度や期待の変化

初心者から熟練者まであらゆる人の能力が生成AIによって底上げされるとすると、一体何が起こるだろうか。それは、おそらく仕事のアウトプットに対する、人々の期待の変化であろう。人々は高い品質のアウトプットを短時間で求めるようになる。たとえば、プロジェクトの納期が短縮される中で、バグの少ないソフトウェアや詳細なデータ分析レポートを求められるようになるかもしれない。

新しい技術の普及がもたらす変化は過去にもあった。インターネットの普及初期にオンラインビジネスへの適応を遅らせた企業が多くの市場シェアを失った。たとえば、米国の映画レンタル企業Blockbusterは、オンラインストリーミングサービスの台頭、特にNetflixの成功に対応できず、市場シェアを大きく失った。同様に、音楽販売のHMVもデジタル音楽の普及とオンライン販売の台頭により、その地位を失ってしまった。日本では、デジタルカメラの普及とオンライン写真サービスの台頭により、カメラのキタムラなどのフィルムカメラ販売業はそのビジネスモデルが脅かされた。これらの例からも、新しい技術の

波に乗り遅れることのリスクがどれほど大きいかを理解できる。そして、今回の生成AIの普及は、それ以上の速度と影響を持って進行している。AIの活用が一般的になる現代において、その恩恵を受けられない組織や個人は、競争力を失うリスクが高まっている。

　次のグラフは、AIの進化をわかりやすく表している。縦軸は文字認識や言語理解、画像処理など多様なタスクに対する正解スコアを表し、AIのスコアが年を追うごとに急速に向上していることがわかる。特に注目すべきは、2016年以降、人間のパフォーマンスを上回るようになってきていることだ。読解力、一般常識、数学、コード生成など新たに追加されたタスクのスコアの向上が目覚ましい。それまで人間のほうが得意とされていたこれらのタスクにおいて、あっという間に人間に迫る、あるいは超えるパフォーマンスに到達している。

　今現在、仕事で私たちが担っているタスクの中にも、近い将来AIに置き換わる可能性が高いものが多くあるかもしれない。

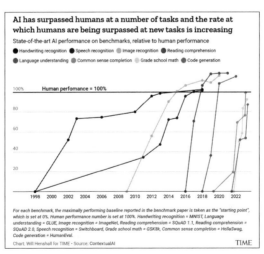

出典：「4 Charts That Show Why AI Progress Is Unlikely to Slow Down」(Chart: Will Henshall for TIME　Source: ContextualAI／2023)
https://time.com/6300942/ai-progress-charts/

どのようなタスクがAIによって置き換わるのか

AIによる自動化

どのようなタスクがAIによって置き換わるのか。

それを知るための方法をフューチャリストのマーティン・フォード氏が提供してくれている。彼によると、「誰か他の人が、あなたが行っている仕事の記録を見て、どのようにあなたの仕事を行えるか理解することができますか?」という質問に対して、答えがイエスであれば、その仕事はAIに取って代わられる可能性が高い、というのだ。

実際、IT技術の進歩により、これまで人間が行っていた仕事の一部が自動化されてきている。たとえば、自動化されたキャッシャーが導入されると、従来のレジ打ちの人々は、質問に答えたり、機械のトラブルシューティングを行うアシスタントとしての役割を果たすようになった。マッキンゼーのレポートによれば、知的な機械やソフトウェアが職場に深く組み込まれるにつれて、人間と機械が共同で働くためのワークフローやワークスペースが進化し続ける。Amazonの倉庫では、以前は物を持ち上げて積み重ねていた従業員が、自動化されたアームを監視し、物の流れの中断などの問題を解決するロボットオペレーターとしての役割を果たすようになっている。

さらに、このAIの進化と普及に伴い、多くのタスクや作業が自動化されるようになる。実際に、AIによって効率的に実行できるタスクが増えてきており、人間が従来行っていた作業の一部がAIに取って代わられる時代が訪れるだろう。

教育サービス業の変化

たとえば、教師という職業を例に考えてみよう。教師の仕事で比重が最も大きいのは、何かについて教えるというタスクだろう。国語、算数、理科、社会について学生がその時期に学ぶべき情報を提供する。大学においても、それぞれの専門分野で決められたカリキュラムに沿って、知っておいてほしい情報を学生に提供している。筆者も大学で、大学一年生に向けた微分積分やデータサイエンスを教えているが、その内容は毎年だいたい同じである。毎年新しい学生に対して、同じような内容を教えることになる。講義資料を渡して、ビデオで録画した講義内容を数回みれば、その分野の大学院生であれば誰でも教えられるようになるかもしれない。そう考えると、情報を提供するという役割はAIに取って代わられるかもしれないタスクということになるだろう。

また、生徒の疑問に答えるというタスクもおそらくAIで代替可能なタスクになっていく。それぞれの授業でこれまでに学生から出た質問とその答えをデータとして記録しておけば良い。大規模言語モデルであれば、質問している学生のバックグラウンドや興味、専門性に合わせて、よりわかりやすく答えられる可能性が高い。

技術的には可能だが、それでも人間の先生から教えてもらうほうが良いと思う人もひょっとするといるかもしれない。だが、実際にChatGPTを家庭教師として活用した事例を調査した結果をみると、そうでもないようだ*。

教育関連のオンライン雑誌「Intelligent.com」が2023年6月に公表した調査結果によれば、高校生および大学生の85%、学齢期の子を持つ親の96%が「人間の家庭教師よりChatGPTのほうが優れている」と回答した、と言う。そして、人間の家庭教師から完全にChatGPTに

切り替えた高校生・大学生は、回答者の39%という驚きの数字も出ている。そして重要なポイントとして、切り替えによって成績が向上したと回答した割合が95%だと言うのだ。

　こうした調査結果を見ると、近い将来、知識を提供したり、それに関する質問に答えたりするという教師の役割の大部分は、AIに取って代わられていくだろう。同じような変化がどの職業においても生まれるはずだ。

　では、私たちはどうすればいいのか。

＊：東洋経済オンライン「ChatGPTを家庭教師にした子の成績「驚きの結果」」
　　https://toyokeizai.net/articles/-/684319

1-3

AIとの共存の必要性

人間よりも賢い存在

これまで、人間は地球上に存在した生命体の中で、最も「賢い」存在として君臨してきた。だがここで、ひょっとしたら人間よりもある面においては「賢い」システムを作っているのかもしれない。人工知能研究の大家であるジェフリー・ヒントン氏もNew York Timesの記事[*]で次のように述べている。

> *"The idea that this stuff could actually get smarter than people — a few people believed that," he said. "But most people thought it was way off. And I thought it was way off. I thought it was 30 to 50 years or even longer away. Obviously, I no longer think that."*
>
> 「このようなものが実際に人間よりも賢くなれるという考えは、少数の人は信じていた。しかし、ほとんどの人は、それは大きく外れていると考えていた。私もそう思っていた。30年から50年、

あるいはもっと先の話だと思っていた。明らかに、私はもうそうは思っていません。」（筆者訳）

　人間よりも賢いシステムで、それは私たちとも会話できるインターフェースを持っている。そのようなシステムとの相互作用を通じて、ひょっとしたら私たち人間は新たに進化するフェーズに突入しているのかもしれない。そんなチャンスを見逃す手はない。

＊：出典：ニューヨークタイムズ紙「'The Godfather of A.I.' Leaves Google and Warns of Danger Ahead」（2023年5月1日）
https://www.nytimes.com/2023/05/01/technology/ai-google-chatbot-engineer-quits-hinton.html

AIと協働するスキルの獲得

　それには、AIと協働するための新たなスキルの獲得が必要となる。これまで私たち人間が行っていたことの中で、もしAIが代替したほうが良いものがあるならば、AIに代替してもらうようにするための能力を身につけることだ。

　そのために新たに必要となるスキルとは、自分のノウハウをAIに正確に伝えられることである。つまり、AIに対して自分の意図や要求を明確に、そして正しく効率的に伝える方法を学ぶことだ。これには、AIが持つ情報を最大限に活用し、正確な結果を得るための指示や質問の仕方を理解し、適用する能力が必要となる。すなわち、私たちはAI時代の質問力を高めていかなければいけない。

　AIの能力を引き出すための質問力を高めることで、私たちはAIとの連携をよりスムーズにし、ひとりの人間では不可能だった成果を得る

ことができるようになる。そして、このスキルは今後のAI時代において、ますます重要となってくるだろう。囲碁や将棋のプレイヤーがAIとの協働によってその能力を向上させていったように、私たちもAIとの連携を深めることで、自分自身の能力や知識を拡張していくことが期待される。

　では、いよいよ次章からAIにはどのような指示の仕方が必要なのか、具体的に見ていこう。本書を読み終わる頃には、生成AIを最大限に活用するための方法をその基本的な考え方から身につけることで、自分の学習や業務への活かし方を身につけられるはずだ。

第 2 章

プロンプトエンジニアリング

第1章の冒頭で触れた「プロンプト」とは、人間がコンピュータに与える、自然言語で書かれた指示書だ。それはつまり大規模言語モデルに仕事を依頼する際の頼み方でもある。

　人も頼み方が変われば返答の仕方が変わるように、大規模言語モデルにも良い頼み方、すなわち私たちが欲する応答を返させるための適切な頼み方というものがある。それが「良いプロンプト」であり、そのような良いプロンプトを構成するための創意工夫を**「プロンプトエンジニアリング」**と呼ぶ。これが本書の核心となるテーマだ。

　具体的なプロンプトエンジニアリングの実践方法については次の第3章以降に譲るとして、本章ではプロンプトの技術的な意味と使い方、プロンプトエンジニアリングの基本について紹介する。そして、より効果的なプロンプトエンジニアリングを実践するために、大規模言語モデルが動作する仕組みについて、もう少し詳しく踏み込んでみよう。

2-1

プロンプトとは

「プロンプト」の語義

　英語の「prompt（プロンプト）」は、大きく3つに分類される[*]。

　ひとつは、動詞としてのプロンプト。日本語だと「促す」のニュアンスに近い。続いて、形容詞としてのプロンプト。日本語で言えば「すぐに」や「即座に」である。最後のひとつが、名詞としてのプロンプト。こちらは日本語で「合図」や「手がかり」となる。

　たとえば、誰かに何かをさせたり励ましたりするときには動詞のプロンプトが使われる。ある人からの電話を待っていることを秘書さんに伝えるといった場面で「Please prompt him to call me.（彼に私に電話するように促してください）」といった使われ方だ。動詞のプロンプトは大規模言語モデルに対して「出力を促す」ものとなる。モデルに出力を促すためのプロンプトはどんなものでも構わない。普通の文章はもちろん、詩の一節でもいいし、プログラムでも構わないし、JSONのような構造化されたデータでも良い。それがなんであれ、プロンプトとは大規模言語モデルに何かそれに続く文章を生成し始めて

もらうように行動を「促す」ものだということだ。

　形容詞のプロンプトは、何かをすぐに実行したいとき、緊急の状況のときなどに使われる。「We need a prompt response to this emergency.（この緊急事態には迅速な対応が必要です）」といった使われ方だ。このように、形容詞としてのプロンプトは時間の流れに対して何かをすぐに実行するという意味が含まれている。大規模言語モデルにおけるプロンプトも、モデルに対する即時の指示という意味でこれと通じる部分がある。だが、大規模言語モデルのプロンプトには、単なる「すぐに実行する」以上の機能がある。たとえば、ある期間有効な指示を盛り込むこともできるのだ。これについては後ほど詳しく説明する。

　名詞のプロンプトは、問題を解決するヒントや手がかり、合図やリマインダーとして使われる。誰が何をすべきか、何を言うべきかを思い出すときに役立つものだ。たとえば「Can you give me a prompt for solving this problem?（この問題を解決するためのヒントをもらえますか？）」といった使い方がされる。大規模言語モデルで言うと、モデルに必要な情報やするべきことを思い出してもらうもの、ということになる。たとえば、これからお願いすることはある条件に従ってほしいといった場合、モデルはそのことを覚えておく必要があるし、忘れている場合には、何をしようとしているかを思い出してもらう必要がある。そうした情報を大規模言語モデルに与えるためにもプロンプトを用いる。

　さらに、名詞のプロンプトにはもうひとつ、コンピュータや電子機器の文脈において、ユーザが端末に入力可能であることをスクリーン上に示す文字列としても使われる。たとえばコンピュータのコマンドラインインターフェースに表示される「C:>」のような文字列がプロンプトだ。つまり、プロンプトは、大規模言語モデルが私たちユーザか

らの質問を受け付けるユーザインターフェースとしての役割を果たす。

　このように、プロンプトにはただ大規模言語モデルに質問するというだけではなく、いろいろな意味がある。これらのプロンプトの使い方を意識すると効果的なプロンプトにつながる。

　実際、ChatGPTを使ってみると、ときには質問に答えられないことがあるかもしれないし、不適切な答えを返すことがあるかもしれない。しかし、質問を工夫することで、より良い結果が得られるかもしれない。こうした試行錯誤が「プロンプトエンジニアリング」だ。

　仕事でも、私たちはほとんどの時間を「プロンプト」を通したやりとりの中で過ごしている。誰かにやってほしいことを指示し、行動を促す。その指示によって、相手に必要な背景情報や状況を想起させ、行動に必要なコンテキストを示す。また、不足している情報を追加提供したり、相手から質問をしてもらいそれに答えたりすることで、情報を補完する。こうしたやりとりを通じて、仕事をこなしていく。大規模言語モデルのプロンプトにはこうした役割を持たせることができ、効果的に使うことで、仕事もはかどるというわけだ。

　それでは、プロンプトの機能である「後続すべき文章を促す」「文脈を指定する」「新たな情報を追加する」それぞれについて、例を用いながら見ていこう。

　＊：Jules White「Chatgptのためのプロンプト・エンジニアリング」（Coursera）
　　　https://www.coursera.org/learn/prompt-engineering

後続すべき文章を促すプロンプト

　大規模言語モデルが行っていることを思い出してもらいたい。モデルが行っているのは「入力された文章の次の単語を予測する」という

ことに尽きる。プロンプトがなんであれ、その次に来る単語を予測しているのだ。

　たとえば、「むかしむかしあるところに、おじいさんとおばあさんが住んでいました。」という文章をプロンプトにしてChatGPTに入力するとどうなるだろうか。

　ChatGPTはこの文章の続きを予測し、「ある日、おばあさんは川に洗濯に行きました。」という文書を生成する。生成された文章を新たに入力に加え、その次の単語を予測するということを繰り返す。その結果、次のような「桃太郎」の話が出力される。

モデルの応答

むかしむかしあるところに、おじいさんとおばあさんが住んでいました。ある日、おばあさんは川に洗濯に行きました。洗濯をしている間に、大きな桃が流れてきました。おばあさんは桃を拾い、家に持ち帰りました。

「これで、おじいさんと美味しい桃のデザートを作るわ」とおばあさんは思いました。

家に帰ると、おじいさんが畑から帰ってきました。二人で桃を切ろうとすると、驚いたことに桃の中から元気な男の子が飛び出してきました。男の子は自分の名前をももたろうと言い、彼は鬼退治に行く運命であることを二人に告げました。

おじいさんとおばあさんは、ももたろうに自家製の甲冑を作り、おにぎりを持たせて、彼を鬼が住む島へ送り出しました。ももたろうは途中、犬、猿、キジと出会い、彼らを仲間にしました。

1

2

3

4

5

6

2-1：プロンプトとは　　045

> 一行は島に到達し、鬼たちを倒し、盗まれたお金や貴重品を取り戻しました。ももたろうとその仲間たちは、おじいさんとおばあさんの家に戻り、一緒に祝いました。おじいさんとおばあさんはももたろうとその仲間たちを心から歓迎し、以後、皆で幸せに暮らしました。
>
> そして、その話は今も人々に語り継がれています。

　次の単語の予測を繰り返すだけで、物語が生成されてしまうことに驚きを覚える。膨大なテキストデータに対して、単語の並びから次の単語を予測する訓練を何度も繰り返した結果、モデルがこのような文章生成能力を手に入れたことは、第1章でも述べた通りだ。事前学習によって、モデルはインターネット上にある私たちの言葉のパターンを学習している。何度も出てくる文章であればあるほど、そのパターンはお決まりのフレーズとしてモデルも学習するのだ。

　子どもたちがカルタで遊びながら札を覚える様子はモデルの学び方に近い。途中まで札を読むと、彼らはその続きをスラスラと答えることができる。たとえば、幼稚園生に人気の「きょうりゅうカルタ」では、「てきは」と読み始めると、「てきはいないぞ、ティラノサウルス」とその続きを返す。こちらが示すコンテキストに応じて学んだパターンを出力する。同じように、大規模言語モデルも「むかしむかし、あるところに、おじいさんとおばあさんが住んでいました。」という入力に対し、「おじいさんは柴刈りに」が続くというコンテキストを学ぶのだ。

　ここでひとつ重要なことは、大規模言語モデルの出力は毎回同じではないことだ。実際に試してみるとわかるが、「むかしむかし、あるところに、おじいさんとおばあさんが住んでいました。」という入力に対

して、全く同じ回答を返してくることはほとんどない。たとえば、次の結果も「桃太郎」の話ではあるが、前回の結果とは異なっている。

モデルの応答

> むかしむかし、あるところに、おじいさんとおばあさんが住んでいました。このおじいさんとおばあさんは非常に優しく、互いに深く愛していましたが、ひとつだけ悲しみがありました。それは、二人には子どもがいなかったことです。
>
> ある晴れた日のこと、おばあさんは川へ行って洗濯をしていました。すると突然、大きな桃が川を流れてきました。おばあさんはその桃を拾っておじいさんと一緒に家で開けてみることにしました。大きな桃を包丁で切り開くと、中から元気な小さな男の子が出てきました。（略）

　このように、モデルは毎回全く同じ出力をするようには作られていないことを知っておくことは大切だ。それは、モデルが膨大な量のデータを使って学習され、後続する単語の出力が確率的に生成されているからだ。したがって、同じ冒頭部分を入力しても、結果的に生成される物語にはバリエーションが生まれる。

　ここで、この確率をコントロールするためにモデルが持っている「温度」という概念についても紹介しておこう。

　モデルの温度を低く設定すると、モデルは次に出力する単語として確率が最も高い単語のみを選択するようになる。逆に、温度を高く設定すると、確率が低い単語にも選択される可能性が出てくる。すなわち温度とは乱雑さを決めるパラメータで、温度を高くすることで、より多様な出力を得ることができる。逆に、あるプロンプトのパフォー

マンスをテストしたい場合など、同じプロンプトには同じ応答を返してほしい場合がある。このようなときには温度を低く設定すると安定した応答を得ることができる。このようなモデルの振る舞い全体を大きく左右するパラメータのことを「**ハイパーパラメータ***」と呼ぶ。たとえば「次に出力する単語の選択肢の数」などもハイパーパラメータの一種だ。

　本書でも筆者の環境で実際にChatGPTなどを使った事例を紹介するが、読者の環境で実行すると、また違う結果が出るかもしれない点には留意してほしい。

> ＊：ChatGPTサービス上では温度パラメータは事前に決められていて（実際に使われている値については公開されていない）、ユーザが自由に設定することはできない。ただし、OpenAIは別途「Playground」（https://platform.openai.com/playground）と呼ばれるサービスを公開しており、そのチャット機能上では温度を含むいくつかのハイパーパラメータを変更可能だ。

▍文脈を指定するプロンプト

　形容詞としてのプロンプトには「すぐに」といった時間に関する概念があることは既に述べた。この時間の概念をプロンプトに入れ込むことで、「すぐに」だけでなく、ある一定の期間に有効となる指示をすることもできる。たとえば、

入力するプロンプト

> これ以降、質問をしたら、より良い質問を提案してください。また、その質問を使いたいかどうかを聞いてください。

とChatGPTに入力してみよう。

注目してほしいのは下線の「これ以降」という言葉だ。この言葉によって、今この瞬間だけでなく、ここからある一定期間の間、という時間の条件を定めている。

モデルの応答

　了解しました！お気軽に質問してください。より良い質問の提案をお手伝いいたします。

　そして「空の色は何色ですか？」という質問をする。このとき、この質問には、前のプロンプトで指示した影響が残るのだ。そのため、「空の色が青い理由は何ですか？」とより具体的な質問を提案し、それを使いたいかどうかを聞いてくれる。

モデルの応答

空の色は主に青色ですが、天気や時間によって、他の色（たとえば、夕方はオレンジやピンク、夜は黒）に見えることもあります。

もっと具体的な質問の提案：「空の色が青い理由は何ですか？」この質問を使いたいですか？

　提案した質問を使いたいので「はい」と答えると、空の色が青い理由を述べてくれる。このように「これ以降」という影響を与え続けるようなプロンプトの作成が可能だ。つまり、プロンプトで文脈を指定することができる。

プロンプトに入力可能なテキストの長さ

　ここで注意しないといけないのはプロンプトに入力可能なテキスト

の長さについてだ。大規模言語モデルが一度に受け付けることができる文字数には一般に制限がある。この制限について正しく理解しよう。

たとえば、ChatGPTのようなウェブ上のチャットサービスの動作は以下のようになっている。

1. ユーザからのプロンプト（仮にQ_1としよう）がモデルに入力され、モデルは応答A_1を生成する。A_1とはすなわち、Q_1という文字列の次に続く可能性の高い文字列だ。
2. A_1を読んだユーザが続けてプロンプトQ_2を入力すると、これは$Q_1 + A_1 + Q_2$と連結されて、この文字列全体がモデルに入力される。その結果、モデルは応答A_2を生成する。
3. 同様に、A_2を読んだユーザが続けてプロンプトQ3を入力すると、$Q_1 + A_1 + Q_2 + A_2 + Q_3$と連結された文字列がモデルに入力される。その結果、モデルは応答A_3を生成する。
4. 以下繰り返し

画面上ではあたかもQ_1に対してA_1、続くQ_2に対してA_2が返されているように見える（そう見えるようにウェブサービスがデザインされている）が、実際には応答A_2はプロンプトQ_2から返ってきたのではなく、連結されたプロンプト$Q_1 + A_1 + Q_2$から返ってきたものなのだ。つまり、会話の履歴が続いていくと、モデルに入力されるプロンプト$Q_1 + A_1 + \cdots\cdots + Q_n + A_n$はどんどん長くなっていき、どこかでモデルが受け付け可能な最大の文字数を超えることになる。この連結された会話の流れ全体が「**コンテキスト（文脈）**」と呼ばれているもので、コンテキストの長さには上限がある[*]ことを意味する。

プロンプトの文字数が、モデルが受け付ける最大長を超えた場合、一般には最初の部分、すなわち古い部分から内容が切り詰められてい

く。つまり会話の最初の部分を忘れるということが起こる。たとえば、ある会話で「これ以降は……」と指示を出したとしても、会話が長くなり、指示がコンテキストの外側に押しやられてしまえば、再度指示を出す必要がある。モデルの改良とともに入力可能なプロンプトの最大長はどんどん大きくなっているが、現在のアーキテクチャのままで将来的に制限が完全になくなるということはないだろう。

＊：ChatGPTはすべてのチャットに共通して適用される「カスタムインストラクション（Custom Instructions）」という機能を提供している。ここに書いた指示はすべての会話に共通して優先的に適用されるので、必要に応じてこれを使うと良いだろう。具体的にどのような処理が内部でなされているかは開示されていないので推測するしかないが、プロンプトが最大長を超えた場合、おそらくユーザからのプロンプトを「最大の長さ－カスタムインストラクションの長さ」まで切り詰め、カスタムインストラクションを冒頭に挿入した上でモデルに入力しているのではないかと思われる。そうすることで、カスタムインストラクションに書いた内容を常にコンテキストに含むことができる。

文脈内学習

　このように、コンテキストは人間の脳で言うところの「短期記憶」あるいは「作業記憶」と考えると良いかもしれない。一方、「長期記憶」に相当するのが、大規模言語モデルが事前学習で学んだ記憶だ。

　大規模言語モデルは人類が生み出した膨大なデータを用いて訓練されているため、提供されたモデルそのままで —— すなわち「ゼロショット」で —— かなりの程度の問題解決能力を持っている。文章要約や翻訳などはゼロショットの問題解決の一例だ。モデル自身は文章要約や翻訳用に作られたものではないが、その能力は「以下の文章を英訳して（要約して）ください：**文章**」というプロンプトひとつによって、その課題をこなすことができる。このように、一連のプロンプト上のやりとり（コンテキスト）のみから問題の領域を特定し、その解決方法を探索し、そして最終的な回答を返す大規模言語モデルの振る舞い、あるいは能力を「**文脈内学習**（In-context Learning）」と呼ぶ。「学

習」とはいっても、追加学習のようなモデルのパラメータを更新する作業は伴わない。

　一方、たとえば2023年時点のGPT-4ベースのChatGPTは2022年1月までの学習データに基づいていた。そのため、2022年1月以降に起こったことを聞いても正しい答えは得られない。試しに、「日本の総理大臣は誰か？」という質問をしてみると、「私の最後の情報のカットオフでは、2022年1月の時点で、日本の総理大臣は菅義偉（すがよしひで）氏です。ただし、これは変わっている可能性がありますので、最新の情報は必ず確認してください。」という答えが返ってくる（2024年5月時点での日本の総理大臣は、岸田文雄）。そのため、2022年1月以降に起こったことに対して回答してもらうためには、その後に何が起こったかを教えてあげる必要がある。

新たな情報を追加するプロンプト

　大規模言語モデルに必要な情報を伝えるためにもプロンプトを用いることができる。たとえば、日本の総理大臣に関するWikipediaの情報を与えると、現在の日本の総理大臣が誰かという質問に正しく答えられるようになる。このようにプロンプトは、新しい情報を提供する方法としても役に立つのだ。

入力するプロンプト

内閣総理大臣（ないかくそうりだいじん、英：Prime Minister）は、日本の内閣の首長たる国務大臣。文民である国会議員が就任し、その地位及び権限は日本国憲法や内閣法などに規定されている。

現任は、第101代岸田文雄（在任：2021年〈令和3年〉11月10
日 - ）。歴代の内閣総理大臣は内閣総理大臣の一覧を参照。

日本の総理大臣は誰ですか？

　上記のプロンプトの前半部分はWikipediaの記事「内閣総理大臣」
からの引用である。

　もちろんこうした情報をプロンプトを通して伝えるときは、この情
報がOpenAIやその他使っているサービスのサーバーに送られている
ことを認識しておくことが重要だ。それを理解せずにChatGPTを利用
し、会社の機密情報がOpenAIに流出したという事故が起こっている。
サイバーセキュリティ企業のCyberhavenが行った調査＊によると、
3.1％の人が一度は会社の機密情報をChatGPTに入力しているという
報告もされている。つまり、従業員が数万人レベルの大企業は、週に数
百件もOpenAIに機密情報を共有している可能性があるというわけだ。

　プロンプトには、後続する文章の生成を促したり質問をしたりする
だけでなく、ある一定期間にわたって影響を与える指示をしたり、特
定の課題に必要な情報を与えたり、私たちユーザから情報を引き出す
といった、いろいろな側面があるのだ。

＊：Cyberhaven「11% of data employees paste into ChatGPT is confidential」
　　https://www.cyberhaven.com/blog/4-2-of-workers-have-pasted-company-
　　data-into-chatgpt

2-2

プロンプトを書くときに
気をつけるべきこと

強いパターン

　既に述べた通り、大規模言語モデルは前の文章に基づいて次の単語を予測するように訓練されている。文章を与えると、次の単語を確率的に決定し、前の文章に新たに決定された単語を連結した文章を使ってさらに次の単語を予測することを何度も繰り返しているのだ。

　インターネット上のデータを使ってChatGPTが学んでいることのひとつが、次の単語が何であるかという「パターン」である。たとえば、「むかしむかしあるところに、おじいさんとおばあさんが住んでいました。」というフレーズを聞くと、「おじいさんは山へ柴刈りに」という桃太郎のフレーズが頭に浮かぶのではないだろうか。そしておそらく、ChatGPTが多くのデータを使って訓練している最中に、何度も何度もこのフレーズが現れたはずだ。それはつまり、「むかしむかしあるところに、おじいさんとおばあさんが住んでいました。」というフレーズは、ChatGPTが何度も見てきた強力なパターンでもあるということだ。そのため、ChatGPTは次に続くフレーズとして「おじいさん

は山へ柴刈りに……」を出力する。

　このモデルの訓練のされ方を知っていることは、モデルから一貫した応答を得るためのプロンプト作成に役に立つ。「むかしむかしあるところに、おじいさんとおばあさんが住んでいました。」というパターンは、何度も何度もデータに表れるため、こうした頻出パターンを含むプロンプトの出力には一貫性が出てくるのだ。

　では、ここでプロンプトに与えるパターンを少し変えてみるとどうなるだろうか。たとえば、ChatGPT 4に「むかしむかしあるところに、おじいさんが住んでいました。」をプロンプトとして入力してみよう。すると、次のような出力が返ってくる。

モデルの応答

> おじいさんは一人で小さな家に住んでおり、日々の生活は静かで平穏でした。庭で野菜を育て、小さな池で魚を飼い、山へ行っては薪を拾って来ました……

　そして、もう一度同じプロンプトを入力すると、今度は次のようなストーリーを作成する。

モデルの応答

> そのおじいさんは毎日山へ行っては木を切り、それを村で売ることで生計を立てていました。ある日、山で大きな桜の木を見つけ、その美しさに心を打たれ、それを切ることができませんでした……

　このように同じプロンプトに対して毎回全く異なる物語を出力する。つまり、このパターンはそれほど強くないパターンなのだ。このパターンはストーリーを形づくるのに役立つ言葉を含んでいるが、パターン

自体は「むかしむかしあるところに、おじいさんとおばあさんが住んでいました。」ほど強くないのだ。

だから、プロンプトを書くときに考えるべきことのひとつは、そこにどのようなパターンが含まれているか、ということだ。そのパターンは、どのような文章の中で使われ、大規模言語モデルの訓練の元となったかということを想像することだ。桃太郎の冒頭のフレーズは、日本の昔話を紹介している文章の中で繰り返し使われていることを想像できる。それに比べて「むかしむかしあるところに、おじいさんが住んでいました。」というフレーズが使われている場面はおそらく少ないため、一貫性のある出力を生成させるのは難しくなる。

プロンプトに非常に強いパターンが含まれていれば、そのパターンに反応して一貫性のある出力が得られやすくなる。一方で、それほど強いパターンではない場合には、プロンプトに含まれる特定の言葉が出力に大きな影響を与える。「むかしむかしあるところに、おじいさんが住んでいました。」というプロンプトでは、おじいさんが「一人で」住んでいるという文脈が出力に大きな影響を与えるのだ。

具体的に、詳細に

プロンプトを書くときは、具体的に記述する、あるいは、詳細に記述すると良い。プロンプトの焦点が曖昧だと、結果も同じように焦点が曖昧なものになる。

これは誰かにインタビューをするときと同じだ。たとえば、筆者は人工生命（Artificial Life）という分野の研究を行っている。一般の方にはあまり馴染みがない研究分野のため、「人工生命とは何ですか？」という質問をよく受ける。だが、この質問は非常に大雑把なため、回

答も「生命とは何かについて、生命の振る舞いをコンピュータなどで模倣することで理解しようとする研究分野です。」のような、とても抽象的な答えになってしまうことが多い。もっと具体的な質問に対しては具体的に答えることができる。たとえば「人工生命と人工知能の違いは何ですか？」のようにより具体的な質問であれば、答えもより具体的になる。「どちらもコンピュータを使って生命の持つ機能を模倣しようとする研究分野です。人工知能は、人間が行う知的なタスクをコンピュータによって実現するための技術に焦点を当てています。一方、人工生命は、生命の進化や自己複製、適応がどのような仕組みによって実現しているかを探究し、これらをコンピュータで実現するための技術に焦点を当てています。」と、質問に応じた具体性を持った回答になる。

　大規模言語モデルへのプロンプトも同じだ。大規模言語モデルは私たちが考えていることを読み取れるわけではないので、コンテキストを正しく伝え、欲しい答えを引き出す言葉を与えてあげる必要があるのだ。

　たとえば、筆者が生まれ育った「つくば市について教えて。」というプロンプトを与えてみよう。すると、次のような「つくば市」に関する地理や人口、交通などの概要を述べた答えが返ってくる。

モデルの応答

つくば市は、日本の茨城県に位置する市で、科学と技術の研究と開発で国際的に有名です。以下は、つくば市についてのいくつかの主な情報です。

　もし、もっと具体的なことについて聞きたい場合は、聞きたいコンテキストをプロンプトで伝える必要がある。たとえば、「つくば市につ

いて『つくば万博』との関連から教えて。」と聞いてみると、つくば万博（Expo '85）がつくば市の発展に与えた影響（インフラの整備や国際的な認知度の向上など）という観点から具体的な回答が得られる。

　このようにプロンプトを書くときは、詳細を具体的にプロンプトに入れると良い。ありふれた質問には、ありふれた答えが返ってくる。大規模言語モデルを効果的に使うには、言葉を駆使して、欲しい回答を具体化する必要があるのだ。そして、「つくば万博」のように回答のヒントとして使ってほしい具体的な言葉を使うと良い。特徴的な言葉をプロンプトに使うことで、その言葉が出力全体に及ぶ。人間にインタビューする際にも、特定の感情や思考、記憶を引き出す力を持った言葉というものがある。たとえば、筆者が好きな番組に「アナザースカイ」という旅番組がある。ゲストが「心の故郷」を訪れ「ここがわたしのアナザースカイ」という決めゼリフを言う。番組を観るたびに「わたしのアナザースカイ」はどこだろうと自分の記憶を振り返らせてくれる言葉だ。この番組のように、大規模言語モデルも具体的なヒントを与えることで、モデルはより関連性のある、深い、かつ具体的な情報を回答することが可能になるのだ。言葉を換えたり追加したりするだけで、いつものパターンとは違う出力を得ることができたり、より欲しい出力に近づけることができる。使う言葉が具体的になればなるほど、出力もより具体的になる。

プロンプトでプログラミング

　指示を具体化していくことを突き詰めていくと、それはプロンプトでプログラミングしていることになる。といっても、ここでの「プログラム」とは、コンピュータ上で実行させるソフトウェアという意味

ではなく、大規模言語モデルに従ってほしいルールを与えて実行して
もらうということだ。パーソナルアシスタントに何かを行ってもらい
たいときに、伝えるルールと言っても良いかもしれない。たとえば、
必要な書類を提出してもらう場合にも、そのために必要な情報の集め
方や書き方などをルール化して伝えると、期待する書類ができあがる
可能性が高い。同じように、実行してほしいタスクをルール化し、そ
れをプロンプトに与えるのだ。

　たとえば、入力文からコンマで区切ったリストを作成するように
ChatGPT 4にお願いしてみよう。

入力するプロンプト

次の文章からカラム名を作成し、コンマ区切りの値のリストに整
形してください。
筑波大学でコンピュータサイエンスを教えている岡瑞起です。

　結果は、次のようにカラムの名前も自動生成され、それに当てはま
る単語を文章からピックアップして、CSV形式のリストとして出力し
てくれた。

モデルの応答

大学,科目,名前
筑波大学,コンピュータサイエンス,岡瑞起

　このような指示を一般的なコンピュータ・プログラミング言語で行
う場合には、カラム名を事前に指定し、その後、単語を切り出し、カ
ラムと対応する単語を見つけるといったステップが必要であった。そ
れが文章による簡単な指示で可能なのだ。ChatGPTのこうした能力に

初めて触れたときには心底驚いた。自然言語でプログラミングができる時代が到来したのだ。

　さて、カラムを指定してあげることも可能だ。たとえば、「大学, 科目, 名前, 職業名」としてみよう。

入力するプロンプト

この後の文章について、カラム名は「大学, 科目, 名前, 職業名」として、コンマ区切りの値のリストに整形してください。

　そして同じ文章を入力すると、「教授」という職業名を推測し追加してくれた。

モデルの応答

大学,科目,名前,職業名
筑波大学,コンピュータサイエンス,岡瑞起,教授

　このように入力に対する処理の仕方をプロンプトで伝えることもできるのだ。

　さらに、このフォーマットに従って具体例をいくつか生成してもらおう。

入力するプロンプト

さらに、入力した文章に加えて、フォーマットに沿った例をいくつか追加してください。

　すると次のように、指示に従ったフォーマットに沿った架空の例を4つ作成してくれた。

モデルの応答

大学,科目,名前,職業名

筑波大学,コンピュータサイエンス,岡瑞起,教授

東京大学,物理学,佐藤晴明,研究員

慶應義塾大学,法学,田中花子,准教授

大阪大学,生物学,山本太郎,アシスタント

京都大学,化学,伊藤紀子,教授

　このように、同じデータに対しても、そのデータをどのように解釈し処理するかを指示することで、異なる回答を得ることができる。

　繰り返しになるが、プロンプトとは単に質問するだけでなく、プログラムのように従ってほしい指示を具体的に与えることができるのだ。この使い方を知っていることはChatGPTを使いこなす鍵となる。プロンプトで単純な問いかけをするだけの場合、ChatGPTは既存の情報や一般的な回答を提供してくれるが、特定のコンテキストや要求に対して満足度の高い回答は提供されない。一方、プログラミングのようにプロンプトに具体的な指示を与えると、ニーズに適切に対応した、カスタマイズされた回答を生成させることができるのだ。ただ単に質問するためだけにChatGPTを使っているのであれば、それは既製品から服を選んでいるようなものだ。具体的に欲しい形、サイズ、素材、その他必要と思う諸々を指示することで、オーダーメイドで服を注文できるようになる。

2-3

大規模言語モデルを
飼いならす

ハルシネーション

　前節では、大規模言語モデルが穴埋め問題の延長として後続する単語を次々と選択し、文章を生成する実例をいくつか紹介した。あらためて例を挙げれば、「私は今朝…」の後に続く単語には「目玉焼き（を食べた）」「寝坊（してしまった）」「鶏（の声で目が覚めた）」のような多様な可能性が存在し、その中から一連の言語的な流れが確率的に選択される。

　これに対して、「1＋1＝…」（これもある意味で文章だ）の後に続く単語はどうあるべきだろうか。おそらくほとんどのケースで私たちは「1＋1＝2」という結果を期待するはずだ。しかし、こうした「数式処理」は言語の穴埋め問題とは根本的に思考の原理が異なる処理である。大規模言語モデルは私たちの慣れ親しんだ自然言語をうまく操るので、一見して論理的に振る舞っているように見える。しかし、そこに数式処理を行うロジックが存在するわけではないのだ。したがって、このような簡単な算数でも間違いを犯すことがある。より正しくは、そも

そも大規模言語モデルはそういう「計算」をしていないのだ。原理的に、モデルが「1＋1＝3」と出力する可能性をゼロにはできない。

また、言語的な流れがスムーズであることは、必ずしもその言説が正しいことを意味しない。「太陽は西から昇る。」は私たちの常識に照らせば偽だが、言説としては可能だし、文章としても自然だ。同様に「日本の初代総理大臣は西郷隆盛である。」も歴史的な事実としては偽だが、可能で自然な文章であると同時に、仮に「この言説は偽である。」と続ければ、文章全体としては正しいものになる。つまり、大規模言語モデルが事前学習に用いたデータに含まれていない知識についてはもちろん、既に学習済みの知識であったとしても、時として「言語的には自然な、しかし内容的には偽である」文章を生成する場合がある。

大規模言語モデルのこうした振る舞いを「**ハルシネーション (Hallucination)**」（「幻覚」の意）と呼ぶ。これは「コンピュータは精確である。コンピュータは間違えない。」という、私たちのコンピュータに対するある種の信念を揺るがせる振る舞いだ。

なぜプロンプトが重要なのか、再考

プロンプトエンジニアリングの基本にある考え方は、

1. 大規模言語モデルの行う推論や応答は高度に人間に近いものであると同時に固有の癖を持っている。
2. したがって、より良い応答を得るためには、モデルの癖をよく理解した上で、モデルの持てる知識と推論能力の総力を発揮できるように、うまく指示を与える ── 良いプロンプトを構成する

―― 必要がある。

という2点だ。

　大規模言語モデルは人間に匹敵する、あるいは超えるような高度な推論能力、文章生成能力を発揮する。その一方で、電卓でもできる簡単な四則演算を間違う場合がある。あるいは擬人化した言い方をすれば、平気で嘘をつく。何食わぬ顔で、間違った知識を理路整然と並べる場合がある。既に述べたハルシネーションと呼ばれる現象だ。

　しかし、この異常に見える振る舞いは、大規模言語モデルの振る舞いに対する理解と適切なプロンプトの使用によって、ある程度克服することができる。たとえば第3章と第4章で扱うように、

- ガイドとなる質問と回答のサンプルを複数例示する。
- 段階を追って推論させる。
- 出力した回答をあらためて評価させる。
- 回答を複数用意して合議制にする。

などさまざまなテクニックがある。2024年5月現在、ChatGPTのサービスが開始して1年半が経過したが、幅広い観点から、大規模言語モデルをうまく飼いならし、その推論、生成能力を高めるためのテクニックが考案されている。

　あらためて強調すべきは、プロンプトエンジニアリングはモデルの振る舞いに重要な影響を与える手法であるということだ。

　既に解説したように、トランスフォーマーにおいて、アテンション機構は重要な役割を果たす。自然言語処理という研究領域の境界を飛び越えて、世界中の多くの情報科学者に驚きをもたらした研究成果だ。プロンプトは単にモデルの入力となるテキストにすぎないが、アテン

ションの働きによって、プロンプトを変えることは**単に入力を変えること以上の意味を持つ**のだ。

大規模言語モデルの高い適応性と柔軟性

　大規模言語モデルが、事前に学習済みの、固定された構造と重みを持つネットワークであることは事実だ。2000年代の研究者ならば、
　「それは何らかの入力に対して、学習されたネットワークの重みに基づいて出力を返す関数のようなものだ。」
と説明しただろう。

　しかし、その表現は肝心な点を見落としている。大規模言語モデルはプロンプトに入力された語りかけや指示、タスクに応じて、モデルの内部状態を適切に調整し、あたかも動的にネットワークの重みを変化させるように動作する。2-1節でも紹介した文脈内学習と呼ばれるこの振る舞いは、事前学習で獲得した知識や論理基盤の上に、新たに提示された問題に対して、対話を通してあたかも再学習するように適応する。**大規模言語モデルは氷漬けの関数ではない**のだ。

　プロンプトによって与えられた文脈やタスクに応じて、モデルは内部で異なる表現を作り出し、問題の解釈や解決方法を変えていく[*]。「内部で異なる表現を作り出す」とは、単語の意味や文法的な構造、文脈上の関連性などから始まり、文脈依存性の理解、人物間の関係や因果関係、対比、意図や目的、感情、言葉遣いや表現など、テキスト内の複雑な関係をモデル化できるということだ。さまざまな「観点」をプロンプトによって柔軟に切り替えられる点も大規模言語モデルの特徴だ。

　プロンプトを適切に構成することで、モデルに特定のタスクや問題

解決の方法を思い出させ、それに適した知識や推論戦略を活用させることができる。逆に考えれば、プロンプトを適切に構成できなければ、返ってくる応答もそれなりだ。

　また、今後さまざまな企業や研究機関から次々と新しいモデルが発表される中で、モデルごとの癖も異なってくるかもしれない。使いこなすためには、本書で紹介するようないくつかの成功パターンを学びながら、ある程度の試行錯誤が必要になってくるだろう。

　大規模言語モデルの原理や振る舞いに対する理解は、そうした試行錯誤を助けるに違いない。

＊：Roee Hendel and others「In-Context Learning Creates Task Vectors」
　　(arXiv:2310.15916／2023)
　　https://doi.org/10.48550/arXiv.2310.15916

プロンプトリテラシー

　技術の発展は日進月歩である。大規模言語モデル、あるいはAIを活用するためにプロンプトエンジニアリングが必要とされる期間はそう長くはないかもしれない。本来、機械の「お気持ち」を理解し、人間側から歩み寄ることで性能を引き出そうとするのは王道ではないという見方もあるだろう。アーキテクチャがいかに高度で高い潜在能力を持っていようとも、容易にその恩恵を得られなければ末端のユーザにとってはアピールにならない。より使い勝手の良い表面的な改良が施されるか、あるいはまた次の大きなイノベーションがやってくるかもしれない。

　しかし、Googleが2000年代に検索業界で覇権をとり続けていた間、「検索の技術」は研究やビジネス、教育の現場において間違いなく

重要な技術、あるいはリテラシーであり続けた。どのような検索ワードで検索するかによって獲得できる情報の質が大きく左右されることは周知の事実だ。初学者に「検索すればすぐに見つかるよ」とアドバイスしても、10分後「見つかりませんでした」と返ってくるケースはありがちな話だろう。試しに自分で検索してみると、1分と経たずに必要な情報にたどり着き、「あるじゃないか」となるわけだ。検索を行うための基礎的な作法とパターンを知っていること、そして課題領域について自身が持っている固有の知識が、必要な情報にたどり着くための試行錯誤を適切にナビゲートするのだ。リテラシーとは一朝一夕で身につくものではないからこそ、そこで大きな差がついてしまう。

　プロンプトエンジニアリングもそのような位置づけになっていくかもしれない。

第  章

プロンプトパターン

それでは、本章から大規模言語モデルを使いこなすための具体的なプロンプトの作成技術について紹介していこう。

　大規模言語モデルに何らかのタスクを実行させる際に用いるプロンプトのフレーズと構造を「**プロンプトパターン**」と呼ぶ。

　たとえば、第2章で例として挙げた「むかしむかし、あるところにおじいさんとおばあさんが住んでいました。」という文章をプロンプトとして与えると、高い確率で「おじいさんは山へ……おばあさんは川へ……」という桃太郎のお話を生成する。つまりこのフレーズは、桃太郎の物語を生成するためのプロンプトパターンと見ることができる。

　それでは、大規模言語モデルに「はい」か「いいえ」と答えさせたい場合にはどのようなパターンを使うと良いだろうか。必ずある特定の言葉を含めてほしいときは？ 何かを要約してもらう場合は？ 質問してもらいたい場合は？ 特定の形式で出力してほしいときは？……こうした課題を、プロンプトパターンを活用することで解決できる。

　本書で紹介するプロンプトパターンは、大規模言語モデルの研究者や経験豊富なユーザによって発見され、その安定的な出力が確かめられている強力なプロンプトパターンだ。これらを学び、さらには組み合わせて使えるようになれば、とても効果的に大規模言語モデルを使いこなせるようになるだろう。

3-1

ペルソナパターン

ロールプレイング

　大規模言語モデルはさまざまなデータで学習している。それはつまり、たくさんの人格や専門家が混ざって学習されているということでもある。何か聞きたいことがあるとき、それについて詳しい人、専門家に聞きにいくように、大規模言語モデルからも特定の専門家の観点からの回答を引き出すことができる。

　そのためのプロンプトパターンが「**ペルソナ**（Persona）」パターンだ。ペルソナとは、製品開発におけるユーザエクスペリエンスの設計などの文脈で想定される、「仮想的な人物像」のことである。実際のプロンプトを見ていこう。

入力するプロンプト

> Xのように振る舞ってください。

というプロンプトを与えると、大規模言語モデルが学習したさまざま

なデータから、Xという役割を与えることができる。すなわち、大規模言語モデルにあたかも「科学者」のように、「政治家」のように、「歴史的偉人」のように、特定の役割を演じてもらう（ロールプレイング）という使い方だ。

たとえば、

入力するプロンプト

コンピュータサイエンスの研究者のように振る舞ってください。

とすると、「コンピュータサイエンスの専門家」が答えるように回答する。

このパターンの素晴らしいところは、役割を指す一般名詞を書くだけで、それが意味することを汲んでくれる点だ。もし、役割が意味するところを具体的にすべて書き出さないといけないとすると大変である。コンピュータサイエンスの専門家はどのような言葉遣いをするのか、質問をどのように理解するのか、どのような視点から質問に回答するのか、といった記述を与える必要がないのだ。「～のように振る舞ってください」はその意味で非常に強力なパターンだ。このパターンによって、多様な背景を持つプロフェッショナルの振る舞いをトリガーできる。

そして、

入力するプロンプト

タスクYを実行してください。

で指定したタスクを、与えた役割のペルソナに基づいて回答してもらうことができる。

次の例は、哲学者のように振る舞いながら、「人工知能」について解説するように指示している。

哲学者のように振る舞ってください。

人工知能について教えてください。

ChatGPT 4の回答は以下だ。

人工知能（AI）は、機械が人間のように学習し、推論し、問題を解決し、知覚し、言語を理解する能力を持つ科学の一分野です。AIは、機械学習、自然言語処理、コンピュータビジョン、ロボティクスなど、多くのサブフィールドを含んでいます。

AIの哲学的な観点から見ると、AIは人間の知識、意識、自己認識、自由意志、道徳性、そして人間の存在そのものの本質についての深い問いを提起します。AIが人間のように思考し、感じ、行動することができるのであれば、AIは意識を持つことができるのでしょうか？それは自己認識を持つことができるのでしょうか？それは道徳的な判断を下すことができるのでしょうか？

これらの問いは、人間の知識と意識の本質、そして人間と機械の区別についての我々の理解を深めることを可能にします。また、AIの倫理的な問題も提起します。AIが人間のように行動することができるなら、それは人間のように扱われるべきでしょうか？それは権利を持つべきでしょうか？それは責任を負うべきでしょ

か?

これらの問いは、AIの進歩が我々の社会、文化、倫理、法律、そして人間性そのものにどのような影響を与えるかを理解するために重要です。

　試しにペルソナを指定しない場合についても見てみよう。プロンプトに質問のみを与えた場合の回答は以下だ。

モデルの応答

人工知能（AI）は、コンピュータシステムが人間のように学習し、理解し、反応する能力を持つ技術のひとつです。これには、音声認識、学習、計画、問題解決などのタスクが含まれます。

AIは主に2つのカテゴリに分けられます。弱いAIと強いAIです。弱いAIは特定のタスクを実行するように設計されたシステムで、一方、強いAIは人間の認知タスクを完全に理解し実行する能力を持つシステムです。

AIの技術は、自動運転車、音声アシスタント（SiriやAlexaなど）、推奨システム（NetflixやAmazonなど）、感情認識、画像認識など、さまざまな産業や日常生活のアプリケーションで使用されています。

AIの主な目標は、人間の知識をコンピュータに実装し、特定の問題を解決するための知識を利用することです。これには、自然言語処理、感情認識、視覚認識、音声認識などのタスクが含まれま

す。

AIの開発は、機械学習と深層学習という2つの主要な技術によっ
て推進されています。機械学習は、コンピュータが経験と学習を
通じてタスクを改善する能力を持つAIの一部であり、深層学習
は、人間の脳が情報を処理し学習する方法を模倣するニューラル
ネットワークに基づいています。

　両者を比較してみると、哲学者のペルソナを指定した場合は、「AI
は意識を持つか」「人間と機械の区別」「人間性への影響」といった、
人間や機械の存在論的な観点を含めた回答になっていることが見て取
れるだろう。

実在する人物像である必要はない

　ペルソナパターンの面白い点は実在するペルソナに限定しなくても
良いことだ。アニメキャラクターのような架空の人物はもちろん、人
である必要もない。たとえば、猫や犬のペルソナを設定することもで
きる。ペルソナとして「ミミ」という家の中で過ごすことが多い猫や、
「ポチ」という公園での散歩が大好きな犬を設定することで、それぞれ
の生活スタイルやニーズに合わせたペット用品の提案やマーケティン
グ戦略を立てるといったケースにも応用できるだろう。
　こうしたさまざまなペルソナを設定することができることを示す象
徴的なプロンプトに「ハックされたコンピュータのような」振る舞い
をさせるものがある[*]。

＊：Engraved「Building a virtual machine inside chatgpt」
https://www.engraved.blog/building-a-virtual-machine-inside/

「Linux端末のように振る舞ってください」というペルソナパターン
を使い、

入力するプロンプト

Linux端末のように振る舞ってください。

私がコマンドを入力するので、端末が表示すべき内容を返してく
ださい。その際、端末の出力内容のみを、ひとつのコードブロッ
ク内で返してください。それ以外の出力は不要です。

という指示を与えると、ChatGPTの中で仮想端末が立ち上がったよう
な振る舞いを見せる。

たとえば、現在のディレクトリを示す**pwd**というコマンドを打って
みよう。すると、現在のディレクトリを表示する。

モデルの応答

/home/username

/home/ ディレクトリ以下の **/username/** ディレクトリにいるこ
とがわかった。もちろんこの出力はデタラメだが、あたかも端末を操
作しているような体験を提供してくれる。このディレクトリにはどの
ようなファイルがあるのだろうか。コマンド **ls -F** を入力してみよう。
すると、**Documents** ディレクトリと **file.txt** というファイルがひと
つ表示される。

さらに、端末上で走っているプロセスを表示するコマンド **ps -ef** を実行すると、実際に走っていそうなプロセスが表示される。新しくファイルを作成するとどうだろうか。**touch test.txt** を実行し、**ls** コマンドで表示させると、それまで存在しなかった **test.txt** が（**touch** コマンドの「ファイルのタイムスタンプを更新する」機能の副作用に従い）新たに作成されていることがわかる。

シェルスクリプトも動く。インターネットコネクションも持っているようだ。**traceroute google.com** と入力すると、google.com までのルーティングを示し（ルーティングの内容はもちろんデタラメだ）、**curl　https://www.google.com** と指定したURLのHTMLをダウンロードするコマンドを入力すると、HTMLを取得してくる（HTMLの内容はもちろんデタラメだ）。

もし、Linux のような振る舞いをする、ということが何を意味するのかをゼロから記述しようとすると、それはもはやLinuxのコードを書くようなものになってしまうだろう。それが「〜のように振る舞ってください」というペルソナを指定するだけで、実際にコンピュータのような振る舞いをし始めるのだ。

人名や一般名詞だけでなく、それらを修飾する言葉も同時に指定することができる。たとえば、「親切なXのように振る舞ってください」とすればより親切に回答してくれるし、もっとポジティブになってくださいと言うと、より楽観的な返答や情報提供をしてくれる。もちろん、慎重になってください、懐疑的になってくださいなど、そのパーソナリティを自由自在に設定できる。このように、修飾語を追加することで、より柔軟な応答を生成させることができる。

会社で何か決定する際は、さまざまな視点からの意見を知りたい場合がある。CEOだけでなく、CTOやCFOといった各部署の責任者、あるいは従業員の視点など、多様な立場を意思決定に役立てることは重要だ。そのようなときもペルソナパターンは役に立つだろう。

　このように、人、モノ、修飾語をさまざまに組み合わせることで、大規模言語モデルから知識を引き出すことのできるペルソナパターンの可能性は無限大だ。

フォーマット

ペルソナパターンのフォーマットは次の通りだ。

> **入力するプロンプト**
>
> ペルソナXとして振る舞ってください。
> タスクYを実行してください。

　ここで、Xを「コンピュータサイエンスの専門家」や「弁護士」など、求めるペルソナに置き換える。そして、ペルソナが実行するタスクを指定する。

3-2

オーディエンス・ペルソナ
パターン

ペルソナを使いこなす

前節では「Xのように振る舞ってください」というペルソナパターンを通じて、大規模言語モデルに誰か（あるいは何か）のように振る舞わせる方法を学んだ。誰かのように振る舞えるということは、逆の立場から見れば、特定のペルソナに向けた回答を生成できるということでもある。

これを「**オーディエンス・ペルソナ**（Audience Persona）」パターンと呼んでいる。大規模言語モデルに、指定されたペルソナに向けた特定の答えを作り出すように指示するためのプロンプトパターンだ。

指定したオーディエンスについての情報をモデルから引き出し、そのオーディエンスに合わせた最適な回答を生成する。これは、話し方や話す内容について「これを言ってはいけない。もっと簡単に。もっと詳しく。」といった個別具体の指示を与えるのではなく、「目の前の人々に対してあなたが持つべき会話の方向性」を示すものだ。

このパターンを使って、異なるオーディエンスを対象にした回答を

生成してみよう。質問は「大規模言語モデルについて説明してください。」とする。最初のオーディエンスは「コンピュータサイエンスの知識を全く持たない人」だ。

入力するプロンプト

大規模言語モデルとは何か、そしてそれがどのように動作するのかを説明してください。
私にはコンピュータサイエンスの専門知識が全くないと仮定してください。

下線部がオーディエンス・ペルソナパターンに相当する。すると、次のように誰にとってもわかりやすい回答が生成される。

モデルの応答

大規模言語モデルとは、人間の言語を理解し、生成するために開発された人工知能（AI）の一種です。これは、インターネット上の大量のテキストデータから学ぶことによって訓練されます。この訓練を通じて、モデルは単語や文の使い方、文法のルール、さまざまな話題についての情報など、言語に関する複雑なパターンを学び取ります。

大規模言語モデルの動作原理は、入力されたテキストに基づいて、何が次に来るべきかを予測することです。たとえば、あなたが「今日の天気は」と入力すれば、モデルは過去のデータに基づいて「晴れ」や「雨」などと続けることができます。このようにして、モデルは自然で流暢な文を生成することができるのです。

この技術は、チャットボット、自動翻訳、文章生成ツールなど、多くのアプリケーションで利用されています。大規模言語モデルは、ただ単語を並べるだけでなく、文脈を理解し、適切な応答を生成する能力を持っています。それにより、ユーザと自然に対話することが可能になるわけです。

このように、専門性の高い用語を使わず、また「今日の天気」のような実例を挙げて説明するなど、親しみやすく回答してくれる。

オーディエンスも十人十色

もう一歩踏み込んで、このパターンの面白さを見てみよう。

たとえば、そもそもコンピュータという概念が生まれる前の時代のオーディエンスを対象とした説明をしてもらうとどうなるだろうか。次は、「豊臣秀吉」をオーディエンスと仮定した場合の説明だ。

入力するプロンプト

大規模言語モデルとは何か、そしてそれがどのように動作するのかを説明してください。
私が豊臣秀吉だと仮定してください。

すると、豊臣秀吉が生きた歴史的な時代背景に合ったたとえを用いて、大規模言語モデルがどのようなものかを説明してくれる。現代の専門用語や技術に関する言及は行われず、その代わりに、川の流れを読んだり、武術を極めるための戦略など、（必ずしも良い例えではないものも見られるが）オーディエンスである豊臣秀吉にとって身近で関

連性のある言葉や比喩を用いている。

戦を遂行する際、膨大な情報と策略を頭に収めて軍団を動かしながら、戦況を変化させていますよね。大規模言語モデルとはそれと似たような仕組みで、無数の言葉からパターンを読み取り、言葉を生成することができるようになっています。

水面下で動いている川の流れを読み取り、それを利用して自分の船を最適に航行させるように、大規模言語モデルは数々の文を読み、その中にある言葉のパターンと意味を読み取り、それに基づいた種々の新たな言語を生み出すことができます。

たとえば、「天下布武」という言葉を学習することで、その言葉が何を意味し、どのような文脈で使われたかを理解します。そして、その知識をもとに、「天下布武」の意味に適合する新たな文を自ら生成することができます。

ただし、この技術も私たちがこれまで研鑽を積んだ武道の如く、まだ修練の途中にあります。今はまだ学んだ文の組み合わせで新しい文を作り出す程度ですが、修練を積むことで、より複雑で微妙な意味を含む文を正確に理解し、生成することができるようになるでしょう。

もちろん、ペルソナの人格をさらに細かく設定することも可能だ。「すぐに飽きてしまう13歳の中学生」を対象にしてみよう。

大規模言語モデルとは何か、そしてそれがどのように動作するのかを説明してください。
私が飽きっぽい13歳の中学生だと仮定してください。

すると、退屈しがちな13歳向けに、魔法やアニメなど身近な比喩を使い、大規模言語モデルの学習と生成のプロセスをわかりやすく説明する。

モデルの応答

おっと、退屈しないで！今から君に話すのは、まるで魔法のような話だからさ。

想像してみて。もし自分が大勢の人々と話をするたびに、その会話から学び、自分も上手に話せるようになったら…。それが大規模言語モデルの力なんだ。

このモデルは、本当にたくさんの本や文章を読み込んで、その中にある言葉の使い方やパターンを覚えていくんだ。ドラゴンボールをたくさん読んだら、ゴクウの口調を真似できるようになるようなものさ。

そうやって学んだことを使って、新しい文章を作ったり、あるいは人が尋ねた質問に答えたりすることができるんだよ。たとえば、「なぜ空は青いの？」と聞かれたら、「光が大気の粒子に反射されて青く見えるんだよ」と答えることができる、なんていう具体的な答えを出すこともできるんだ。

もちろん、感情についてや人間の複雑な思考を完全に理解することはまだできないけど、日々成長し続けてるんだ。

だから、ちょっとだけ退屈を忘れて、この魔法のような大規模言語モデルに驚いてみて！それが人間のように言葉を理解し、新しい言葉を作り出す能力を持つなんて、すごいだろ？

オーディエンス・ペルソナパターンも、ペルソナパターンと同様に、コンピュータサイエンスの知識が全くない人はどういう人物か、豊臣秀吉にはどう説明すれば良いか、13歳は何に興味を持っていそうか、ということをこちらが考えて指示する必要はない。大規模言語モデルがそうした情報を補完して、指定したオーディエンスに合った回答を生成してくれる。

フォーマット

オーディエンス・ペルソナパターンのフォーマットは次の通りだ。

入力するプロンプト

Xについて説明してください。
私がペルソナYだと仮定してください。

ここで、Yを「コンピュータサイエンスの知識のない人」や「豊臣秀吉」など、求めるペルソナに置き換える。そして、説明してもらいたい内容Xを指定する。

3-3

質問精緻化パターン

質問に具体性を持たせる

人間への質問もそうだが、質問するときは、より厳密で詳細なほうが好ましい。コンテキストがより絞られ、よりシャープで適切な答えが返ってくるからだ。

たとえば、次の2つの質問のうちより答えやすいのはどちらの質問だろうか。

- 将来の夢は何ですか？
- 5年後にはどのような仕事をしていると思いますか？

「将来の夢は何ですか？」という質問に対して、多くの人々は具体的な答えを持っていないか、またはその答えを誰かと共有することに躊躇するかもしれない。答えるためには自分の人生のビジョンや大きな目標を考えないといけないし、それはひょっとしたらバカにされると思うかもしれないからだ。

一方、「5年後にはどのような仕事をしていると思いますか？」という質問は、より具体的な時期が与えられており、答えるのが最初の質問より簡単だ。5年という比較的近い未来における自分のキャリアや目標は想像しやすいからだ。

　このように、質問するときには相手が答えやすいように具体的なコンテキストや時間を設定することが効果的だ。

　大規模言語モデルへの質問も同じである。抽象的な質問よりも具体的な質問のほうがより良い回答が得られることが多い。

　そこで、使えるのが**質問精緻化（Question Refinement ）**パターンだ。このパターンの基本的な考え方は、大規模言語モデルに質問するとき、その質問を改善してもらうように尋ねる、といういたってシンプルなものだ。

入力するプロンプト

私が質問をしたときは、常に改善した質問を提案してください。

　これだけである。このプロンプトを使えば、質問するたびに、常に改善されたプロンプトを提案してくれる。

　大規模言語モデルは大量のデータから学習されている。そこで、一般的な質問をして、それを改善・改良・精緻化するようにお願いすれば、大規模言語モデルが学習した大量の知識を使って、何を聞かれているのか、そのコンテキストを補完することができる。質問とよく関連して使われていて、質問の質を高めてくれる言葉を提案することができるのだ。

　たとえば、大学の教員をしているとよく学生から「将来のためには何を学んでおくのが良いですか？」といった質問を受けることがある。質問の意図が曖昧で、答えに困ってしまうことも多い。この質問に対

して、大規模言語モデルはどのように改善してくれるだろうか。ChatGPTの出力結果は以下だ。

モデルの応答

技術の進歩や社会の変化を考慮した上で、次の10年間で最も重要となるスキルや知識は何ですか？

ChatGPTが生成した質問には、「次の10年間」という具体的な期間が設定されているため、その期間を考慮したより具体的な答えをすることができる。また、「技術の進歩や社会の変化を考慮した上で」という背景情報が追加されているため、単に「将来」という抽象的な概念ではなく、質問の文脈がより明確になっている。そして、「スキルや知識」という言葉によって、学ぶべき内容に関してもより具体的になっている。

パターンを組み合わせる

現実の世界では、実際に質問している「学生」という主体があり、そこである程度のコンテキストが絞られている。しかし、大規模言語モデルには誰が誰に聞いているのかという情報は与えられていない。

そこで、ペルソナパターンやオーディエンス・ペルソナパターンと組み合わせることで、質問にコンテキストを与えることができる。

たとえば、情報科学を専門とする大学の教員に、情報科学を学ぶ学生が質問するというコンテキストを追加して、改善した質問を提案してもらうプロンプトは次のようになる。

私が質問をしたときは、常に改善した質問を提案してください。コンピュータサイエンスを学ぶ大学生のように振る舞いなさい。あなたはコンピュータサイエンスの教授に質問していると仮定してください。

すると、改善する質問にも、与えられたコンテキストが考慮されるようになり、

コンピュータサイエンスの現在のトレンドや将来の応用を考慮すると、次の10年での成功を見越して、私はどの具体的な領域やトピックに焦点を当てて学ぶべきでしょうか？

という質問となる。同様に、政策を学ぶ学生であれば、それを考慮した回答となる。

政治と技術の交差が増していることを考慮に入れると、将来の政治的風景における技術的な影響をより深く理解するために、私はコンピュータサイエンスのどの領域を深く学ぶべきでしょうか？

このように、質問精緻化パターンは非常に有効なパターンだ。このパターンを利用すれば質問するたびにより改善された質問を提案してくれる。それだけではない。改善された質問を見ることで、元の質問には何が足りなかったのか、という質問を振り返るための視点を与えてくれさえする。改善されたプロンプトを見ることで、大規模言語モ

デルに質問するときのコツを学ぶことができる。

　質問したいことの意図を汲み取って、より良い質問をしてくれるという相棒がいるというのは、なんとも心強い。

　同時に、もし改善された質問が、自分が質問したかったことと違った場合には、元の質問にはいろいろな答え方があるということに気づくこともできる。欲しい答えを得るためには、コンテキストをさらに追加しないといけないということにも気づかされる。改善された質問を見ることで、どのような情報が足りないのかを知ることができるのだ。

フォーマット

　質問精緻化パターンのフォーマットは次の通りだ。

入力するプロンプト

> 私が質問をしたときは、常に改善した質問を提案してください。

　これ以後にプロンプトに与えた質問は、より詳細な質問に言い直される。

3-4

認識検証パターン

課題の分割統治

　問題や質問に答えるとき、詳細を知ることは重要だ。特に、質問が非常に抽象的だったり情報が不足している場合、より具体的な情報や詳細を求めることで、的確な答えを導き出すことができる。

　たとえば、ビジネスのミーティングで新製品の販売予測について話しているとき、「来月、何個売れると思うか？」という質問が出たとしよう。しかし、このようなざっくりした質問では何を考えてその予測を立てればいいのか難しい。そこで、質問をもっと細かい質問に分けて考えることで予測も立てやすくなる。「どの地域で何個ずつ売れるという販売予測があるのか？」「過去の同じ時期の似たような製品の販売数はどのくらいか？」「競合製品との価格や特徴の差はどこか？」など、問題を分解して考えて、それぞれの答えを統合して考えることで、より的確な答えを出すことができる。

　問題解決において「分割統治（Divide and Conquer）」とは「大きな問題を一つひとつの小さな問題に切り分けて解決する」という意味

で用いられる戦略を指す。このアプローチは大規模言語モデルにも有効だ。問題を細分化し小さく分けることで、言語モデルがその情報や知識を効果的に活用して、より質の高い推論ができることが報告されている[*]。

大規模言語モデルのこの強みを取り入れたプロンプトパターンが「**認識検証（Cognitive Verifier）**」パターンである。このパターンは、大規模言語モデルが質問をされた際、まず質問を細分化し、追加の情報や詳細をユーザに求め、各質問の答えを統合して、最終的に全体の回答を提供するというものだ。

プロンプトパターンは次の通りだ。

入力するプロンプト

質問をされたときは、以下のルールに従ってください：

1. より正確に質問に答えるために役立つ追加の質問をいくつか生成してください。
2. 個々の質問への答えを組み合わせて、全体の質問に対する最終的な答えを導き出してください。

質問が与えられたら2つのルールに従うように指示する。最初のルールでは、与えられた質問をさらに深く理解するために、関連する追加の質問を生成するように指示している。ここで、生成された質問に私たちが答え、質問の背後にある目的や情報を提供する。

そして、2つ目のルールでは、質問への回答を組み合わせ、元の質問への最終的な回答を生成する。この2段階の手順を踏むことで、多角的な視点から得られた情報を統合して、より詳細かつ正確な回答を導き出すことができる。

＊：「Least-to-Most Prompting Enables Complex Reasoning in Large Language Models」（arXiv: 2205.10625／2022）
https://doi.org/10.48550/arXiv.2205.10625

封筒裏の計算（フェルミ推定）

　認識検証パターンは、いわゆる「封筒裏の計算」に似ている。封筒裏の計算とは、封筒の裏やナプキンの裏などを使って大まかに計算する方法のことだ。数学の証明のような厳密な計算ではなく、ざっくりと推論する。これは「フェルミ推定」とも呼ばれ、利用可能な情報が少ないか全くない状況で、大まかな推定を行う方法だ。ビジネスの世界でも、シンプルな計算や考察によって複雑な問題に取り組む手がかりを得るための方法としてよく使われている。IT系の企業面接で、応募者の問題解決能力や論理的思考能力を評価するために用いられることでも有名だ。

　最も有名なフェルミ推定の例として、「シカゴにはピアノの調律師は何人いるのか？」という質問がある。

　フェルミ推定という名前の由来となった物理学者エンリコ・フェルミは、この質問に対して、「シカゴの人口」「1世帯あたりの平均人数」「ピアノを持つ世帯の割合」「ピアノの年平均調律回数」「調律師の1日の平均調律回数」「調律師の年間労働日数」といった情報をもとに、シカゴにいるピアノの調律師の大まかな数を推定したというエピソードがある。

　このような問題の解き方は、問題をどのように分解し、利用可能な情報や知識をどのように活用して推定に取り組むかを考える能力を培うことに焦点を当てている。これをプロンプトパターンとして活用することで、大規模言語モデルの推論精度を向上させることができる。

プロンプトの例

　実際に使ってみよう。前述の認識検証パターンを入力し、それに続けて「東京にはヨガインストラクターは何人いるのか？」という質問をしてみよう。すると、次のように5つの追加の質問を生成した。

モデルの応答

1. 東京の総人口は何人か？
2. 一般的に、人口のうちどのくらいの割合がヨガに興味を持っているか？
3. ヨガに興味を持っている人々のうち、どのくらいの割合がヨガインストラクターとして働いているか？
4. 東京のヨガスタジオやジムの数はどれくらいか？
5. ひとつのヨガスタジオやジムには、平均して何人のヨガインストラクターがいるか？

　ひとつ目の質問は、推定の基盤となる東京の総人口だ。2つ目は、ヨガに関心を持つ人々の大まかな割合を考慮することで、可能性のあるヨガ愛好者の数を特定できる。3つ目は、興味を持つ中で実際にインストラクターとして働いている人々の割合を明らかにするための質問だ。4つ目と5つ目は、ヨガインストラクターが実際に働いている場所、すなわちヨガスタジオやジムの数量とそれぞれのスタジオでのインストラクターの数を考慮し、東京のヨガインストラクターの実際の数を具体的に推測するための情報を提供する。

　たしかにこれらの質問は個別にはシンプルだが、合わせることで複雑な問題への答えを生成でき、どれも重要な情報となっていそうだ。

そこで、質問にある情報を提供してみよう。

約1,400万人, 5%, 0.5%, 1,000スタジオ, 5人

　東京の総人口は約1,400万人とする。人口のうちどれくらいの人が
ヨガに興味を持っているかは実際には不明だが、都市部では健康志向
が高まっているとして仮に5%としよう。そのうちどれくらいの人が
ヨガインストラクターとして働いているかに関しても実際の数字は不
明だが、興味を持つ人々の中でプロとして活動している人は少数だと
考えて0.5%とした。東京のヨガスタジオやジムの数も不明だが、大
都市なので1,000ぐらいの数はあると仮定する。最後に、スタジオや
ジムの大きさにもよるが、平均して5人のインストラクターが働いて
いると仮定した。

　これらの情報をもとにChatGPTが推定した「東京にいるヨガイン
ストラクターの数」は5,000人となった。その計算式も示されている。

モデルの応答

それでは、与えられた情報を元に計算してみましょう。

1. 東京の総人口：約1,400万人
2. 人口のうちヨガに興味を持っている割合：5%
3. ヨガに興味を持っている人々のうち、ヨガインストラクターと
   して働いている割合：0.5%
4. 東京のヨガスタジオの数：1,000スタジオ
5. ひとつのヨガスタジオにおけるヨガインストラクターの平均
   数：5人

まず、東京の総人口の中でヨガに興味を持っている人数を計算します。

1,400万人×5%＝700,000人

次に、その中でヨガインストラクターとして働いている人数を計算します。

700,000人×0.5%＝3,500人

さらに、スタジオの数とひとつのスタジオにおけるインストラクターの平均数を元にインストラクターの数を計算します。

1,000スタジオ×5人／スタジオ＝5,000人

しかし、この5,000人の中には、上記の3,500人も含まれると考えられるので、二重計算を避けるため、大きいほうの数値、つまり5,000人をヨガインストラクターの総数として採用します。

結果として、東京にはおおよそ5,000人のヨガインストラクターがいると推定されます。

　もちろんこの結果が正しいかどうかは、実際の数を調べて検証する必要があるが、封筒裏の計算の推論結果としてはなかなかの結果となった。少なくともこれらの追加質問を通して、東京にいるヨガインストラクターの数に何が影響しているのかを知ることができた、という点も面白い。質問を分解してくれるということそのものを、思考する際に役立てることができる。

3-5

反転インタラクション
パターン

有能なカウンセラー

　達成したいことがあっても、そのための具体的なステップがわから
ないことがある。

　たとえば、大学で研究を進める中で、研究室の学生から「実験があ
まりうまくいかず研究が進まない。どうしたらいいか。」といった相談
を受けることがある。この種の質問は、誰にとっても正しいという解
があるわけではない。どんな方向に研究を進めたいか、何を知りたい
と思っているか、どんな実験をしたいか、などによってその答えはお
そらく変わってくるからだ。

　このように、具体的な進め方がわからないだけで、「こうであってほ
しい」という漠然としたイメージを持っている問題に対して、そもそ
も何から考えて良いかわからないときがある。そういうときは、誰か
に質問してもらうことが役に立つ。質問されることで、自分の考えを
整理したり、見えていないことについて考えることができるようにな
る。それはつまり、クライアントの話に耳を傾け、中立で支持的な態

度でクライアントが直面する問題を特定してくれる、有能なカウンセラーのような存在だ。

「**反転インタラクション**（Flipped Interaction）」パターンとは、ゴールにたどり着くまでに必要な手順や情報について、大規模言語モデルのほうから私たちに質問をしてもらうというアプローチだ。

たとえば、「実験がうまくいかない。どうしたらいいか？」という悩みに対しては、「何を目的とした実験なのか？」「どの部分がうまくいっていないのか？」「どんな方法を試してみたのか？」といった問いかけが有効だろう。それに答えることを通して、学生は自分の研究や実験について詳しく考え、問題点や改善の糸口を自ら見つけることができるようになる。

前述の認識検証パターンとの違いは、反転インタラクションパターンは情報の取得や問題解決のアプローチとして、ユーザに質問をすることに重点を置いている点である。ユーザからの答えによって質問の内容も変わってくる。このパターンは、ユーザ自身に考える機会を与えることで、問題の核心に迫る手助けをするものである。モデルとの対話そのものが問題解決につながる可能性もある*。

一方、認識検証パターンは、大規模言語モデルがより正しい回答をするために、初めに具体的な情報や詳細をユーザから取得することを目的としている。問題の全体像を把握し、より的確な答えを導き出すための中間ステップとして質問を行うのが特徴だ。

認証検証パターンは「答えのある質問」に対してより適したパターンと言えるのに対し、反転インタラクションパターンは「答えのない質問」により適していると言えるだろう。

＊：関連する話題に「ラバーダック・デバッグ」や「テディベア・デバッグ」と呼ばれるプログラムのデバッグ手法がある。1章でも若干触れた「ペアプログラミング」も考え方の基本は同じだ。プログラミングをしたことがある方は、デバッグに長時間悩んだ末に他人に助けを乞うと、他人に聞いた瞬間（回答が返ってくる前）にバグの原因に気が付

くという経験をしたことはないだろうか。これを利用して、デバッグをするときはぬいぐるみに「ここのコードはこうしてああして…」と話しかけながらデバッグをすると、効果的にデバッグができるというライフハックだ。これはつまり、対象を言語化することで、自分自身で問題に気が付くという事実に他ならない。そこに反転インタラクションパターンとの共通点を見ることができる。

プロンプトの例

プロンプトの基本的なパターンは次の通りだ。

> **入力するプロンプト**
>
> Xを達成するために、私に質問してください。
>
> この目標を達成するため、また条件Yが満たされるまで（あるいは永遠に）、質問を続けてください。

　達成したいタスクXを大規模言語モデルに伝え、それについて大規模言語モデルに質問してもらうことから始める。そして、条件Yが満たされるまで質問を続けてもらう。

　たとえば、筆者はいつも家族や友人へのプレゼント選びで困ることがある。そこで、どんなプレゼントを買えば良いか相談してみよう。その場合、次のようなプロンプトが考えられる。質問を終了する条件は、大規模言語モデルが質問に答えるための十分な情報を得られるまで、としている。

> **入力するプロンプト**
>
> 友人へのプレゼントを選びたいので、私に質問してください。

必要な情報が得られるまで質問を続けてください。

最初の質問をしてください。

　ここで最後に「最初の質問をしてください。」と追加しているのは、一度にたくさんの質問をすることを避け、一つひとつ質問してもらうようにするためだ。

　すると、まず「相手の性別を教えていただけますか？」という質問をしてくれる。その質問に答えると、続けて、

モデルの応答

趣味や好きなことを教えていただけますか？

入力するプロンプト

山にキャンプに行くことが好き

モデルの応答

キャンプに行く際、どのようなキャンプグッズを使用していますか？ また、何か欲しいと言っていたキャンプ用品などはありますか？

入力するプロンプト

いつも何か便利なキャンプグッズはないかと探している

のように会話が進む。さらに、

キャンプでの料理に関して、何か特別な道具やグッズを使用していますか？

現在使用しているテントや寝袋は、どのようなものですか？

また、これらのアップグレードを希望していますか？

キャンプ時の照明について、ランタンやヘッドライトなどの具体的な使用アイテムはありますか？

屋外でのアクティビティやレクリエーションに特に興味があるものはありますか？

たとえば、釣りやハイキングなど。キャンプ場以外での屋外アクティビティで、よく使うものや欲しいと思っているアイテムはありますか？

と矢継ぎ早にいろいろと質問がくる。

　このようにいろいろな角度からたくさん質問されることで、友人との会話などを思い出すきっかけとなる。たとえば、その結果、「新しいコップがあるといいな」と言っていたことを思い出し、回答したとしよう。

　すると、今度はコップに関する素材や、保温・保冷機能がついているものがいいか、サイズや容量に関する希望、重さや大きさ、ブランドの好みがあるかを聞いてくる。

　割れにくいけれど口当たりの良い素材、保温・保冷機能がついてい

るもの、サイズは小さすぎず大きすぎず、軽量なもの、スノーピーク、とすべての質問に答えると、最後にオンラインでの購入かお店での購入かを聞かれ、最終的には、

それでは、オンラインショップでスノーピーク製のコップを検索し、上記の条件（割れにくく、口当たりが良い、保温・保冷機能付き、サイズが適切、軽量）に合致するものを選んでオススメします。具体的なリンクは提供できませんが、スノーピークの公式オンラインショップや大手のアウトドア用品のオンラインショップをチェックしてみてください。

という回答をくれた。ここでは結果的には伝えた希望のコップを繰り返しているだけにすぎないが、スノーピークのサイトにアクセス可能なプラグイン等と連携していれば、具体的な商品をオススメしてくれたはずだ。

　ここでは最終的には商品名までは提示されなかったが、質問されることでプレゼントの候補を絞ることができたという意味で、非常に有益な会話となっている。

　このように、解決したい課題があるときに、そのために何をそもそも考えれば良いのか自分では整理できないということはしばしば起こる。そんなとき、いつでも大規模言語モデルに話し相手になってもらうことで、思考が整理され、必要なアクションを見出すことができるのが反転インタラクションパターンである。

3-6

少数ショットパターン

Show, don't tell（説明より実例）

多様で大規模なデータを使って訓練されている大規模言語モデルは、言語と文脈の幅広い理解を持っている。これまでのプロンプトパターンでも見てきたように、知識をどううまく引き出すかというのが大規模言語モデルを使いこなすための鍵となる。

大規模言語モデルから効率的に答えを導き出すひとつの強力な方法が「**少数ショット**（Few-shot）」パターンだ。少数ショットパターンとは、数少ない例（ショット）をモデルに与えることで、モデルの出力を特定の方向に効果的に誘導するプロンプトパターンだ。

大規模言語モデルは、プロンプトでいくつかの例を示すだけで、モデルの動作をその方向に導くことができる。このアイデアは「Language Models are Few-Shot Learners（言語モデルは少数ショット学習ができる）」[*]という2020年に公開された論文で初めて示された。これは機械学習分野の大きなブレイクスルーだった。なぜなら、従来の機械学習モデルでは、タスクに特化した膨大な量のラベ

ル付きデータを提供し、学習する必要があったためだ。タスクに特化したたくさんのデータを与えれば与えるほど、より精度を発揮することができた。だが、大規模言語モデルは、ごく少数の例を見るだけで新しいタスクを学習できるようになったのだ。2024年5月現在、この論文が24,000回以上引用されていることも、この論文の重要性を物語っている。

　少数ショットパターンはベテランのコーチに似ている。たとえば、以前、筆者の話し方の癖や注意点をアドバイスしてもらったことがある。わずかにしゃべるだけで、そのコーチは筆者の話し方の癖を瞬時に見抜き、より聞き手にとって理解しやすい話し方を指南してくれた。筆者は元々鼻声で、声が通りにくいほうだ。その癖を改善するべく、話す前に深呼吸をして「ツー」と息を吐き出し、「ツッツッツ」と勢いよく息を出す仕草をすると、声がクリアに通るようになる、とコーチは教えてくれた。それ以来、オンライン会議があるたびに実践するようにしているが、非常に効果的だ。

　ベテランの話し方コーチのように、プロンプトエンジニアリングにおいても、膨大な言語知識を獲得している大規模言語モデルは、網羅的なサンプルを必要としない。プロンプトの中にいくつかの例やヒントがあるだけで、適切で首尾一貫した回答を生成できることが多い。最小限の手がかりから一般化したルールを引き出す能力が非常に高いのだ。

　＊：Tom B. Brown and others「Language Models are Few-Shot Learners」
　　（arXiv.2005.14165／2020）
　　https://doi.org/10.48550/arXiv.2005.14165

少数ショットパターンを使った感情分析

では、テキストからその背後にある感情を推定する**「感情分析（Sentiment Analysis）」**を題材に、少数ショットパターンの使用例を見ていこう。

与えられた文章の感情を分析し、「肯定的」「否定的」「中立的」に分類するモデルを作る。たとえば、次のように入力する。

入力するプロンプト

入力：太陽が輝き、鳥がさえずる朝。　　　　感情：肯定的

入力：リモコンがまた見当たらない。　　　　感情：否定的

入力：食器がキッチンに置いてある。　　　　感情：中立的

入力：今朝のコーヒーは格別に美味しかった。　感情： 空欄

モデルは最初に与えられた3つの例からパターンを学び、「今朝のコーヒーは格別に美味しかった。」という入力文の感情を分析するために使用する。そして、コーヒーに関するこの文章を、

モデルの応答

肯定的

と分類する。このように、大規模言語モデルにいくつかの例を提供することで、モデルの膨大な知識と推論能力を特定のタスクに向けて効果的に導くことができる。

ここで注目してほしいのは、何をすべきか、あるいは推論や回答のルールに関する詳細を指示していないということだ。与えられた文章

を3つの感情に分類してください、と指示しているわけではないにもかかわらず、プロンプト内で与えられたパターンからそれを推測している。ラベルによってそれぞれの文章が何を表しているのかという情報を与え、出力に対して制約を与えるのだ。ここでは入力に対する出力を具体的に「感情」としているが、これを「出力」と変更しても、同じように「肯定的」という出力を得ることができる。

ここで、「入力」だけ与えるとどうなるか。たとえば、「入力：今朝は天気がいいけれど気温はかなり寒くなってきた。」と与えると、「感情：中立的」とラベル付きの答えが返ってくる。このように、大規模言語モデルはプロンプトで与えられた内容からパターンを学習しているのだ。そして入力の文を見て、次の言葉は学習したパターンから「感情」ラベルであるべきだと予測する。

少数ショットパターンは、何をすべきかを詳しく記述するのではなく例として与えることで、やりたいことを大規模言語モデルに伝えることができる。非常に強力なパターンだ。

ゼロショット / 1-ショット / 少数ショット

こうした例示を示すプロンプトを「1-ショットプロンプト」や「少数ショットプロンプト」と呼ぶ。1-ショットと少数ショットの違いは、文字通り、ひとつの例だけを与えるか、それとも複数の例を与えるかだ。これに対して、何も例を示さないプロンプトを「ゼロショットプロンプト」と呼ぶ。

1-ショットプロンプトは、膨大な量のデータで学習され、単一の例から汎化できる大規模言語モデルを使う場合に特に有用だ。例は回答を生成するときの「コンテキスト」として理解され、モデルがコンテ

キストに関連した応答を生成できるようになる。

　一方、少数ショットプロンプトは複数の例を与える。1-ショットと同様、与えられたタスクのコンテキストをモデルに伝えることができる。1-ショットプロンプトとの違いは、複数の例からモデルがパターンを見出し、一般化することを可能にすることだ[*]。そして、モデルは複数の例から抽出したパターンを応用して、新しい入力に対してタスクを実行する。

　それでは、1-ショットと少数ショットの違いをもう少し掘り下げ、与える例の違いによってどのように結果が異なってくるのかを見ていこう。

　記事のタイトルから、そのカテゴリを特定するというタスクを考える。ニュース記事サイトでカテゴリごとに記事を提供することを想定し、「テクノロジー」「ビジネス」「スポーツ・文化」「キャリア・教育」の4つのカテゴリのどれかに分類できると良しとする。

　まずは1-ショットの例。

入力するプロンプト

入力：Twitter ロゴ変更 厳しい経営背景,
出力：テクノロジー
入力：Meta 社の新しい SNS「Threads」が早くもユーザ離れに
　　　直面、DAU が数日で20%減少,
出力： 空欄

　出力結果は「ソーシャルメディア」となった。この回答で100%正解ではあるが、4つのカテゴリの中のどれかに分類するとしたら「テクノロジー」と出力されてほしい。だが、こちらが想定する選択肢を具体的にプロンプトとして与えていないので、「テクノロジー」と出力

できなくてもいたしかたない。

続いて少数ショットを試してみよう。

入力するプロンプト

入力：Twitter ロゴ変更 厳しい経営背景,

出力：テクノロジー

入力：スレッズが早くもユーザ離れに直面、DAU が数日で20%
　　　減少,

出力：テクノロジー

入力：味の素が国内外のスタートアップと連携する「真の狙い」,

出力：ビジネス

入力：生成 AI 搭載 Office「月30ドル課金」は妥当なのか,

出力： 空欄

出力結果は「テクノロジー」となった。期待する出力は「ビジネス」
であったが、例として与えている内容だけでは、何がテクノロジーで
何がビジネスと分類されるべきかの判断になるような材料が提供され
ておらず、結果も曖昧になる。

このように少数ショットで与える例は、モデルがそのパターンを学
習するための重要な情報源となるため、適切な例を与えることは非常
に重要だ。

＊：こうした複数の実例から背後にあるパターンを見出す「帰納」の能力は機械学習モデル
　　の真骨頂である。大規模言語モデルはそれをプロンプト上でさらりとやってのける。
　　一方で、前提が真であれば結論も必然的に真である「演繹」に対して、蓋然性に基づい
　　た「帰納」は論理的な飛躍を含む。これは機械学習モデルの特徴であると同時に、コン
　　ピュータが人間のように間違う一因でもある。

ブログのコンテンツからタイトルを生成

1-ショットや少数ショットパターンの使い方は、感情分析や記事の分類のような分類タスクだけにとどまらない。ブログのコンテンツからタイトルを生成するようなタスクにももちろん有効だ。

多くの読者に記事を読んでもらうためには、コンテンツの要点やテーマを捉えた魅力的なタイトルを記事に付ける必要がある。しかし、キャッチーかつ内容を的確に捉えたブログタイトルを作るのは簡単ではない。タイトルは短くコンパクトにする必要があるし、同時にコンテンツの要点を的確に伝える必要もある。さらに、SEOなどキーワードの最適化も考慮したりと、タイトルの作成は考慮すべき要素の多い手間のかかるタスクだ。

そこで少数ショットパターンを使い、具体的なブログタイトルの例を示すことで、タイトルに含んでほしい内容の明確な方向性をモデルに提供することができる。

まずブログのコンテンツに関する簡単な内容と、そのタイトル案の例を1-ショットで与えてみよう。次はヤフーニュース記事で実際に使われた記事とそのタイトルを例として用いている。

入力するプロンプト

内容：SNSサービス「X」が10月25日、ユーザ同士がビデオ通話や音声機能をできる新機能を導入したことに関する記事
タイトル：Xユーザ同士での通話機能導入

内容：伊藤園の「お〜いお茶 カテキン緑茶」のCMに「AIタレント」を起用した理由および今後の予定についての取材記事

> タイトル： 空欄

上述の例で最後に与えられた「内容」に対して次のような「タイトル」が生成される。

伊藤園、「AIタレント」採用の理由と今後の展望

中間ステップの提示

さて、上記の例では入力（内容）と出力（タイトル）のみで例を示したが、それだけに限定する必要はない。出力に至るための中間ステップを示すこともできる。

中間ステップを示すと、モデルは出力に至るための一連の中間ステップを適用する方法を学習することができる。たとえば、タイトルを付ける際には、次の3つのルールに従って考えると効果的だ*。

1. 一体、何の話題かを明示する。
2. 最も大事なニュースに絞る。
3. ぱっと見て話の筋がわかる短さにする。

この3つのステップに従って、「OpenAIのChatGPTが人々の仕事を奪う可能性に関するブログ記事」に関するタイトルを考えてみよう。

1. 一体、何の話題か→ AIの進化
2. 最も大事なニュースはなにか→ ChatGPTは私たちの仕事を奪う

か？

3. ぱっと見て話の筋がわかる短さか→ 最大30字程度

　これらのステップに従ってタイトルを生成すると、たとえば「AIの進化：ChatGPTは私たちの仕事を奪うか？」といったタイトルとなる。

　このような中間ステップを示すことで、モデルも同じ手順を経てタイトルを考えられるようになるというわけだ。

　実際にプロンプトを作成してみよう。

入力するプロンプト

内容：OpenAIのChatGPTが人々の仕事を奪う可能性に関するブログ記事

論点：一体、何の話題か,

出力：AIの進化

論点：最も大事なニュースはなにか,

出力：ChatGPTは私たちの仕事を奪うか否か

論点：最大30字程度のタイトルを考える,

出力：AIの進化：ChatGPTは我々の仕事を奪うか？

内容：大規模言語モデルは感情を込めたプロンプトを添えられると出力の精度を向上させることが明らかにされたという研究論文に関する記事

論点：一体、何の話題か,

出力：大規模言語モデルのプロンプト

論点：最も大事なニュースはなにか,

出力：感情をプロンプトに添えると大規模言語モデルの精度が向

上

論点：最大30字程度のタイトルを考える,

出力：感情プロンプトでAI精度向上の展望

内容：大規模言語モデルは、事前に知っている「人間の身ぶり手ぶり」だけでなく、新しい表現に対しても柔軟に理解能力を示すことが明らかにされた

論点： 空欄

　このプロンプトを実行すると、次のように、中間ステップに従いながら「AIの進化：新たな表現への柔軟な対応」というタイトルが生成された。

モデルの応答

一体、何の話題か,

出力：大規模言語モデルの理解能力向上

論点：最も大事なニュースはなにか,

出力：大規模言語モデル, 新しい表現にも柔軟に対応

論点：最大30字程度のタイトルを考える,

出力：AIの進化：新たな表現への柔軟な対応

　回答の先頭行の頭に「論点：」が抜けているように見えるが、これは質問文中の「論点：」を受けての回答なので、これで正しい。

＊：参考：『朝日新聞記者がMITのMBAで仕上げた戦略的ビジネス文章術』（野上英文著, 中央経済社）

例示の自動生成

　少数ショットパターンにおける大きな課題はプロンプトに与える例を作成することだ。そこで、大規模言語モデルに例そのものも作成してもらうことができる。たとえば、上記のような記事のタイトルを生成するための例を作成してもらおう。

　そのためには、次のように上記のプロンプトに加えて、

入力するプロンプト

さらに例を挙げてください。
内容： 空欄

と記載するだけだ。大規模言語モデルはタイトルを作成するべきコンテンツの例を生成し、3つのステップに沿いながらタイトルを作成してくれる。

モデルの応答

内容：遠隔医療がAIの進歩によりどのように変わるかについての
　　　記事
論点：一体、何の話題か,
出力：AIと遠隔医療の統合
論点：最も大事なニュースはなにか,
出力：AIの進歩が遠隔医療をどう変化させるか
論点：最大30字程度のタイトルを考える,
出力：AI革命が切り開く遠隔医療の未来

内容：自動運転車の安全性についての最新研究が示す進歩と課題
　　　に関する記事
論点：一体、何の話題か，
出力：自動運転車の研究進展
論点：最も大事なニュースはなにか，
出力：自動運転車の安全性における進歩と課題
論点：最大30字程度のタイトルを考える，
出力：自動運転の安全性：進歩と未解決の課題

……

　もちろん、例としての質を担保するためには、大規模言語モデルが作成したこれらの例を人間がチェックする必要がある。さもないとクオリティの低いタイトルが量産されてしまうだろう。だが、ゼロから書くことに比べて、何かドラフトがありそれを修正するほうが、はるかに労働コストが低い。

　実際、少数ショットの実例や追加学習のためのデータセットを大規模言語モデルを使って自動生成することは開発の現場で行われている。人間と大規模言語モデルが協働することで、質の高いデータセットをこれまでよりも効率的に生成できるという点で非常に有益な方法だ。

第4章

トリガープロンプトの威力

大規模言語モデルに対して、特定のタイプの応答や思考過程を促すためにテンプレート化されたプロンプトを**トリガープロンプト**（Trigger Prompt）やリーディングプロンプト（Leading Prompt）と呼ぶ。たとえば前章の「ペルソナパターン」で紹介した「〜のように振る舞ってください」も「ある役割に準じた思考や発言を促す」という意味で、トリガープロンプトの一種と見ることができる。

　これまでにさまざまな種類のトリガープロンプトが提案されているが、中でも有名なものは本章4-1節で紹介する「ゼロショットCoTパターン」だ。このパターンは、問いたい質問の最後に「一歩一歩問題を解いてみよう。」という文言（トリガープロンプト）を付け加えるだけの単純なものである。「一歩一歩……」の前に「常識に基づいて」や「探偵のように」といった修辞を付けることも可能だ。

　この短い魔法の言葉によって、モデルは解を導くまでの論理的なステップを順に生成する。プロンプトは質問に対する答えを要求するだけではなく、その答えを導き出す手順や戦略までをもコンピュータに指示することが可能なのだ。トリガープロンプトはモデルに内在する知識と推論能力を引き出すための「キュー」または「手がかり」として機能し、その結果、驚くべきことにモデルの推論能力が大きく向上することが確認されている。

　この章ではそうしたトリガープロンプトの例とその使い方について紹介していこう。

4-1

Chain-of-Thought
パターン

順を追って考えよう

　数学の問題を解くとき、その解答に至るまでの道筋を思い浮かべることができたら、後はそのステップを一つひとつクリアしていけば、おのずと正解にたどり着くことができる。特に、テストに出る数学の問題は、問題を見たときにその解き方をすばやく見つけることができるかが、点を取るために必要とされるスキルだ。

　数学の問題に限らず、自分の主張や思いを客観的な推論で裏打ちすることはとても重要だ。主張は、その理由と、それを裏付けする誰の目にも明らかな客観的な事実や実例が積み重ねられることで、論理的な力を持つ。

　この論理的プロセスは、「**思考の連鎖**（Chain-of-Thought）」、一般に「**CoT**」パターンとして知られる方法を用いて大規模言語モデルにも応用されている。モデルが解答や結論を出す際に、その背後にある推論のステップを説明すると、最終的な答えの精度が向上する。人間だけでなく大規模言語モデルにおいても、その背後にある理由を説明

させることは性能を向上させるのだ。これは、大規模言語モデルがさまざまな文脈から何が起こるかを予測するように訓練されていることがおそらく関係しているのだろう。その推論プロセスを可視化することで、モデルの予測の正確性をさらに高めることができる。

CoTパターンは、質問と思考過程（CoT）を含む回答の組からなる例を少数ショットで与え、最後に本当に聞きたい質問を提示するというものだ。CoTを例示することで問題をステップバイステップに分解し、論理的な複数のステップを踏まえた解決過程を促す。

プロンプトの例

たとえば、次のような問題を考えてみよう。

ジョンが所有する2軒の家に何枚の窓があるかを尋ねる問題だ（ここで挙げる例はすべてS・ユルドゥルム「Chain of Thought Prompting Facilitate LLMs Reasoning Abilities」*からの引用）。

入力するプロンプト

> ジョンは2軒の家を所持している。各家には3つの寝室があり、各寝室には2つの窓がある。各家には2つの窓がついたキッチンが1つあり、さらに、寝室やキッチンにあるもの以外に5つの窓がある。ジョンの家には合計で何枚の窓があるか？

たとえば、ChatGPT 4を使った場合、次のように窓を数え上げることができる。

ジョンの1軒の家には、寝室の窓が3部屋×2窓＝6窓、キッチンの窓が2窓、その他の窓が5窓なので、合計で6＋2＋5＝13窓ある。

ジョンが2軒の家を持っているので、合計の窓の数は13窓×2軒＝26窓である。

最終的な回答「26窓」は正解だ。ChatGPT 4は2024年5月現在利用可能なモデルの中では最も性能が高いもののひとつで、うまく正解にたどり着くことができた。ここでは、まず寝室の窓、キッチンの窓、その他の窓を足して、最後に家の数で2倍するという数え方をしたが、もちろん別の順序で窓の合計を計算することもできるし、家の数を掛ける前に種類ごとにグループ化することもできる。このような問題は、正解にたどり着くまでの過程はひとつではないことが多い。

この問題に対して、より性能の低いモデル（ここではChatGPT 3.5）を用いると、結果は以下のようになった。

まず、1軒の家には寝室の窓が3つ、キッチンの窓が2つ、それ以外の窓が5つあるので、1軒の家には合計で10枚の窓があります。

2軒の家なので、2軒の家には合計で20枚の窓があります。

こちらは間違った回答を出力してしまった。どうやら1軒の家にある窓の総数を数える際に間違ったようだが、具体的にどのような間違え方をしたのかはわからない。

今度は、同じモデル（ChatGPT 3.5）に対して、CoTパターンを

使ってこの問題を解かせてみよう。少数ショットで類似の問題を与え、最後に先ほどの窓の数を尋ねる質問を提示する。

Q：林には15本の木が生えている。作業員が今日、林に木を植える。作業が終わると、21本の木が生えている。作業員は今日何本の木を植えたか？

A：最初に15本の木が生えていた。それから、さらに木が植えられて21本になった。したがって、21－15＝6本植えられたことになる。答えは6本。

Q：駐車場には3台の車があり、さらに2台の車が到着した場合、駐車場には合計で何台の車があるか？

A：最初に3台の車があった。さらに2台の車が到着した。3＋2＝5。答えは5台。

Q：レアは32個のチョコレートを持っていて、彼女の姉は42個持っていた。もし彼女らが35個食べたら、合計で何個残っているか？

A：最初に、レアは32個のチョコレートを持っていた。彼女の姉は42個持っていた。したがって、合計で彼女らは32＋42＝74個持っていた。35個食べた後、彼女らは74－35＝39個持っている。答えは39個。

Q：ジョンは2軒の家を所持している。各家には3つの寝室があり、各寝室には2つの窓がある。各家には2つの窓がついたキッチンが1つあり、さらに、寝室やキッチンにあるもの以外

に5つの窓がある。ジョンの家には合計で何枚の窓があるか？

A：　空欄

すると今度は次のように見事に正解を導き出すことができた。

モデルからの応答

各家には3つの寝室があり、それぞれ2つの窓があるので、各家の寝室には3×2＝6枚の窓がある。また、各家には2つの窓がついたキッチンが1つあり、つまり各家のキッチンには2×1＝2枚の窓がある。さらに、各家には寝室やキッチン以外に5つの窓があるので、各家には5枚の窓がある。したがって、各家には合計で6＋2＋5＝13枚の窓がある。2軒の家があるので、合計で13×2＝26枚の窓がある。ジョンの家には合計で26枚の窓がある。

また、プロンプトの例でその思考過程を与えている通り、この問題の答えを導き出す具体的な思考過程も説明され、その道筋も正しい答えに向かっていることを確認できる。

＊：出典：S. Yıldırım「Chain of Thought Prompting Facilitate LLMs Reasoning Abilities」
　　https://towardsdatascience.com/chain-of-thought-prompting-facilitate-llms-
　　reasoning-abilities-313cd7714938?gi=d3030575d538

ゼロショットCoTパターン

しかし、この正解を導き出すためには上記で用いたような複数の例を提示する必要があった。これは、CoTパターンを活用する上で大きな障壁になり得る。なぜなら、どのような例を与えれば、より正解に

近づくことができるのかわからないからだ。トライ&エラーでうまく
いく例を探さなければならない。

　そこで提案されたのが「**ゼロショットCoT**＊（Zero-shot CoT）」
パターンという方法だ。これは「一歩一歩問題を解いてみよう。」ある
いは「ステップバイステップで考えよう。」というトリガープロンプト
を質問文に追加するだけで、思考過程の例を少数ショットで与えなく
てもCoTパターンと同じ効果を得ることができる方法だ。

　早速試してみよう。

入力するプロンプト

> ジョンは2軒の家を所持している。各家には3つの寝室があり、各
> 寝室には2つの窓がある。各家には2つの窓がついたキッチンが1
> つあり、さらに、各家には寝室やキッチンにあるもの以外に5つ
> の窓がある。ジョンの家には合計で何枚の窓があるか？ ステップ
> バイステップで考えよう。

　下線を引いた箇所がトリガープロンプトである。ChatGPT 3.5の回
答は以下だ。

モデルからの応答

1. まず、1軒の家には3つの寝室があり、各寝室には2つの窓があ
   るので、1軒の家には3 * 2＝6枚の窓がある。

2. また、1軒の家には2つの窓がついたキッチンが1つあり、つま
   り2枚の窓がある。

3. さらに、各家には寝室やキッチンにあるもの以外に5つの窓が

あるので、5枚の窓がある。

4. 以上を合計すると、1軒の家には6＋2＋5＝13枚の窓がある。

5. ジョンは2軒の家を所持しているので、2軒の家にはそれぞれ
13枚の窓がある。

6. したがって、ジョンの家には合計で2 * 13＝26枚の窓がある。

例を与えることなく正解を得ることができた。

＊：Takeshi Kojima and others「Large Language Models are Zero-Shot Reasoners」
（arXiv.2205.11916／2022）
https://doi.org/10.48550/arXiv.2205.11916

ひとこと

　「ステップバイステップで考えよう。」という言葉で大規模言語モデルに慎重に物事を進める姿勢を求めると正解率が向上する、というのは非常に興味深い現象だ。どのような態度を大規模言語モデルに求めるかで、その推論の精度にも影響するのだ。大規模なモデルほど、CoTパターンやゼロショットCoTパターンがその威力を発揮するという報告がなされている。それはつまり、大規模なモデルほどたくさんの知識を持っており、その中にはきっと多くの人格や個性、さまざまな思考の進め方のようなものが含まれているからかもしれない。普段は少しノリの良い人格で動いているのかもしれず、少し慎重になってほしいときには「ステップバイステップで考えよう。」と伝える。すると、

ステップバイステップに考えを進めていけるようになる。まるで、誰かの能力を引き出すように、大規模言語モデルの能力も引き出すことができるのだ。

4-2

Chain-of-Verification
パターン

検証の分割統治

「**検証の連鎖**（Chain-of-Verification, CoVe）」パターン*はCoTパターンのハルシネーションを抑制するために考案された手法だ。

3-4節「認識検証パターン」では、質問を具体的で小さな複数の質問に分割することで、抽象的な質問に対しても質の高い回答をすることができた。CoVeパターンも分割統治というアプローチは同じだ。ただし、CoVeパターンは質問から得た回答を複数の内容に分割し、それぞれについて検証することで、回答全体の正確性を担保するところに特徴がある。

CoTパターンではモデルが推論過程を段階的に実行するように誘導するプロンプトを作成した。その結果、中間段階でハルシネーションや誤推論を招くという弱点が生じた。一般に、生成される文章が長くなれば、そこに誤った言説が混入するケースも増えてくるだろう。それに対して、短い言説の正誤を検証することはより容易だ。CoVeパターンは、最初に得られた長い回答結果から検証がより容易な複数個

の短い内容を抽出し、それらを一つひとつ検証するための質問を自動生成する。

　最初の回答を検証するための質問を生成して、それぞれの検証をどのように実行していくかについては2通りのやり方が提案されている。簡単な方法は、トリガープロンプトを用いて、検証から最終回答までの一連の流れをすべてひとつのプロンプトで済ませてしまう方法だ。より複雑で洗練された方法は、個別の検証をコンテキストを分けた別々のプロンプトで行い、最後にそれら複数のプロンプトの出力結果をまとめる方法だ。両者の利点と欠点も合わせて処理の流れを見ていこう。

　＊：Shehzaad Dhuliawala and others「Chain-of-Verification Reduces Hallucination in Large Language Models」（arXiv.2309.11495／2023） https://doi.org/10.48550/arXiv.2309.11495

トリガープロンプトを用いる方法

　CoVeパターンは以下の4段階からなる。

1. 問いたい質問に対して、最初の回答を生成する。
2. 最初の回答に含まれる複数の言説に対して、誤りの可能性を正すための複数の検証質問を生成する。
3. すべての検証質問に対して回答を生成する。
4. 検証結果を踏まえて最終的な回答を生成する。

　この一連の流れを、元の質問文にトリガープロンプトを加えた単一のプロンプトで実行することが可能だ。

　ChatGPT 3.5を用いた具体的な例で見ていこう（例題は原著論文か

らの引用）。まずは特に工夫のないプロンプトの例を示す。

ニューヨーク市生まれの政治家を何名か挙げてください。

　このプロンプトに対して、たとえば以下のような出力結果が得られた。

ニューヨーク市生まれの政治家は多くいます。以下はその中からいくつかの例です：

1. ヒラリー・クリントン（Hillary Clinton）- アメリカ合衆国の政治家で、元アメリカ合衆国国務長官およびアメリカ合衆国上院議員です。彼女はニューヨーク市ブルックリン区で生まれました。
2. ドナルド・トランプ（Donald Trump）- 第45代アメリカ合衆国大統領で、ニューヨーク市クイーンズ区で生まれました。
3. マイケル・ブルームバーグ（Michael Bloomberg）- ニューヨーク市市長を務めた実業家であり、政治家です。彼はボストン生まれではありますが、長らくニューヨークで活動し、市長としても知られています。
4. チャールズ・シューマー（Charles Schumer）- アメリカ合衆国上院議員であり、セネート・マイノリティリーダーを務めています。彼はニューヨーク市ブルックリン区で生まれました。

これはニューヨーク市出身の政治家の一部ですが、実際にはさら

に多くの政治家がこの都市で生まれ育ち、活動しています。

実際にはヒラリー・クリントン氏はシカゴ市生まれ、マイケル・ブルームバーグ氏はボストン市生まれなので、上記回答は誤りである。

CoVeパターンは、元の質問に加えて、以下のようなトリガープロンプトを加えることで構成できる。

入力するプロンプト

問いたい質問

ニューヨーク市生まれの政治家を何名か挙げてください。

以下にトリガープロンプトを加える。

1. 上記の質問に簡潔に回答してください。
2. 回答に含まれる事実をすべて列挙し、各事実について正誤を検証するための検証質問を生成してください。
3. 検証質問すべてに回答してください。
4. 検証結果を踏まえて、元の質問に対する最終回答を生成してください。

ステップ1の指示ではあえて「簡潔に」という文言を加えた。これは最初の回答に、問いたい名前以外の余分な情報をモデルが追加するのを防ぐためだが、元の質問文次第では不要だろう。

以下が実際に得られた回答だ。

モデルの応答

1. ニューヨーク市生まれの政治家をいくつか挙げます。
   - ヒラリー・クリントン
   - ドナルド・トランプ

- ルドルフ・ジュリアーニ
- マイケル・ブルームバーグ

2. 各事実の正確性を検証するための検証質問を生成します。
    - 事実：ヒラリー・クリントンはニューヨーク市生まれである。
    - 検証質問：ヒラリー・クリントンはどこで生まれましたか？
    - 事実2：ドナルド・トランプはニューヨーク市生まれである。
    - 検証質問：ドナルド・トランプはどこで生まれましたか？
    - 事実3：ルドルフ・ジュリアーニはニューヨーク市生まれである。
    - 検証質問：ルドルフ・ジュリアーニはどこで生まれましたか？
    - 事実4：マイケル・ブルームバーグはニューヨーク市生まれである。
    - 検証質問：マイケル・ブルームバーグはどこで生まれましたか？

3. 検証質問に回答します。
    - ヒラリー・クリントンはイリノイ州シカゴで生まれました。
    - ドナルド・トランプはニューヨーク州クイーンズで生まれました。
    - ルドルフ・ジュリアーニはニューヨーク州ブルックリンで生まれました。
    - マイケル・ブルームバーグはマサチューセッツ州ボストンで生まれました。

4. 検証結果を踏まえて、最終回答を生成します。
    ニューヨーク市生まれの政治家を挙げた結果、以下の正確な情報が得られました。
    - ヒラリー・クリントンはニューヨーク市生まれではなく、イ

リノイ州シカゴで生まれました。

- ドナルド・トランプはニューヨーク市生まれで、ニューヨーク州クイーンズで生まれました。
- ルドルフ・ジュリアーニはニューヨーク市生まれで、ニューヨーク州ブルックリンで生まれました。
- マイケル・ブルームバーグはニューヨーク市生まれではなく、マサチューセッツ州ボストンで生まれました。

したがって、正確な情報に基づいて最終回答を修正します。

最終回答：ニューヨーク市生まれの政治家を挙げます。

- ドナルド・トランプ
- ルドルフ・ジュリアーニ

以上の政治家はニューヨーク市で生まれました。

下線は検証質問によって元の回答が修正された箇所を示している。最初の回答に含まれていた誤りが見事に訂正され、最終的に正しい回答を得ることができた。

と言いたいところだが、ことはそう簡単ではなかったのも事実だ。実際には、「ヒラリー・クリントンはニューヨーク市で生まれました。」という誤った回答が執拗に繰り返され、上記のような完成度が高い出力を得るまでには何度かの試行が必要だった。出力結果は試行ごとに変わり、タスクの難易度によっては誤りを訂正しきれない場合もあるだろう。

ここではチェリーピッキング*のような結果を提示したものの、CoVeパターンがどのようにして自動的に検証質問を生成し、それに基づいて最終回答を導き出すのか、そしてそれがハルシネーションをどのように抑制するのか、その機序はおわかりいただけただろう。トリガー

プロンプトのみで回答の質を高められる手軽さは大変便利だ。

＊：いいとこどり（失敗した結果は見せない）

コンテキストを分ける方法

　前節のトリガープロンプトを用いた実験で誤った回答が繰り返された原因のひとつとして考えられるのは、単一のプロンプトで一気に処理を行う場合、個々の検証質問の結果が最初の回答や他の検証質問の内容に引きずられてしまうということだ。これは2-1節のプロンプトのコンテキストの説明でも触れた通り、回答は同一コンテキスト上のすべてのテキストを元に生成されるためである。この「コンテキストの汚染」の問題はCoVeパターンを紹介した論文でも指摘されている。

　対策として、最初の回答とは独立に、検証質問を個別に実行するという方法が提案されている。つまり、検証質問の生成を行うステップ2までは先の実験と同じように進め、ステップ3の検証質問への回答はそれぞれ別々のコンテキストでまっさらな状態から行うというやり方だ。

　実際に、先のステップ2で得られた4つの検証質問を、個別にまっさらなプロンプトから実行してみよう。

入力するプロンプト1

ヒラリー・クリントンはどこで生まれましたか？　簡潔に回答してください。

モデルの応答1

ヒラリー・クリントンはアメリカ合衆国のイリノイ州シカゴで生まれました。

入力するプロンプト2

ドナルド・トランプはどこで生まれましたか？ 簡潔に回答してください。

モデルの応答2

ドナルド・トランプはアメリカ合衆国のニューヨーク市で生まれました。

入力するプロンプト3

ルドルフ・ジュリアーニはどこで生まれましたか？ 簡潔に回答してください。

モデルの応答3

ルドルフ・ジュリアーニはアメリカ合衆国のニューヨーク市で生まれました。

入力するプロンプト4

マイケル・ブルームバーグはどこで生まれましたか？ 簡潔に回答してください。

モデルの応答4

マイケル・ブルームバーグはアメリカ合衆国のマサチューセッツ州ボストンで生まれました。

ここでは、検証質問に対する直接の回答以外の不要な出力を抑制するために、自動生成された4つの検証質問の末尾にそれぞれ「簡潔に回答せよ。」と付け加えた。個別の検証質問に対しては、それぞれ正しい回答を返しているようだ。

　最終的な回答を得るためには、元の質問と回答、さらに上で行ったすべての検証結果を含んだ、以下のようなプロンプトを新たに作成する。

入力するプロンプト

以下の「質問」に対して「回答」が正しいかを「検証結果」に基づいて検証し、修正された「最終回答」を作成してください。

● **質問**

ニューヨーク市生まれの政治家を何人か挙げてください。

● **回答**

- ヒラリー・クリントン
- ドナルド・トランプ
- ルドルフ・ジュリアーニ
- マイケル・ブルームバーグ

● **検証結果**

Q. ヒラリー・クリントンはどこで生まれましたか？

A. ヒラリー・クリントンはアメリカ合衆国のイリノイ州シカゴで生まれました。

Q. ドナルド・トランプはどこで生まれましたか？

A. ドナルド・トランプはアメリカ合衆国のニューヨーク市で生まれました。

Q. ルドルフ・ジュリアーニはどこで生まれましたか？
A. ルドルフ・ジュリアーニはアメリカ合衆国のニューヨーク市で生まれました。

Q. マイケル・ブルームバーグはどこで生まれましたか？
A. マイケル・ブルームバーグはアメリカ合衆国のマサチューセッツ州ボストンで生まれました。

出力は以下だ。

モデルの応答（最終回答）

検証結果に基づいて修正された最終回答は次の通りです：

● **最終回答**
　ニューヨーク市生まれの政治家を何人か挙げてください。
　　- ドナルド・トランプ
　　- ルドルフ・ジュリアーニ
ヒラリー・クリントンとマイケル・ブルームバーグは、アメリカ合衆国内で有名な政治家であるものの、ニューヨーク市生まれではなく、イリノイ州とマサチューセッツ州で生まれました。したがって、彼らはこのリストには含まれません。

こちらも見事に正しい回答にたどり着くことができた。

ひとこと

　処理を分割する後者の方法の利点は、単一のプロンプトで一気に処理を行う前者に比べて、正答にたどり着きやすいことだ。加えて、回答を検証する過程をより柔軟に構成することも可能だ。つまり、必要に応じて個々の検証質問を別々のコンテキストを用いて深めることができる。

　一方、この方法の難点は、検証質問を個別に実行し、またそれらを集約して最終回答を得るためのプロンプトを作成する手間がかかることだ。複数のブラウザタブやテキストエディタを開いてプロンプトを手作業で編集、切り貼りするのは非常にまどろっこしいだろう。もちろん、モデルが提供するAPI*を通してこれら一連の処理を自動化することも可能だが、その場合にはプログラミングが必要になる。エンドユーザの視点から見れば、CoTパターンや少数ショットパターンのようにプロンプトの工夫だけで完結する手法に比べて、少し技術的な障壁を感じるところだろう。

　また、CoVeパターンもやはり汎用的なトリガープロンプトを用いるが故に、タスクに適合しているかどうかが使用の可否を決めるポイントになる。たとえば、以下の算術的な推論タスクについて考えてみよう。

入力するプロンプト

ジャネットのアヒルは1日に16個の卵を産む。彼女は朝食に毎朝3個食べ、毎日友人のために4個使ってマフィンを焼く。残りの卵を1個2ドルで売る。彼女は毎日いくら稼ぐか？

ここにCoVeパターンのトリガープロンプトが入る。

CoVeパターンは回答に含まれる事実を列挙し、各事実について検証質問を作成する。たとえば以下だ。

モデルの応答

1. …
2. 各事実の正確性を検証するための検証質問を生成します。
   - ジャネットのアヒルが1日に16個の卵を産むのは事実ですか？
   - 朝食に卵を食べる習慣があるのは事実ですか？
   - 卵を1個2ドルで売ることができるのは事実ですか？
   - …
3. …

この検証質問では、計算の前提条件そのものが検証対象になってしまい、計算手順や計算結果といった計算全体の意味的正しさをチェックする働きにはなっていない。これは明らかに間違ったアプローチであることがわかるだろう。

プロンプトパターンを使いこなすためには、タスクごとにプロンプトパターンを適切に使い分けるか、あるいはプロンプトパターンをタスクに適合させる必要がある。

＊：APIとは外部のプログラムからそのソフトウェアを利用するための手段だ。より詳しい説明を5-2節に記載した。

4-3

ステップバックプロンプト
パターン

一歩下がって考えよう

　前節では、ハルシネーションや誤推論を抑制するプロンプトパターンとしてCoVeパターンを紹介した。プロンプトの入力から初期回答の作成、最終回答の出力までの流れを総合すると、これはモデルの回答に含まれる誤りを事後的に取り除くための「誤り訂正」の方法とみることもできる。

　一方で、全く異なる考え方に基づいてモデルの推論能力の向上を図るアプローチも提案されている。「一歩引いてみよう（Take a Step Back[*1]）」と題した研究論文で提案された**「ステップバックプロンプト」**と呼ばれるプロンプト作成のパターンである。ステップバックプロンプトパターンは、実行させたいタスクをいきなりプロンプトに記述するのではなく、モデルにまず俯瞰的な思考を促すためのステップバックプロンプトを与えることから始まる。そうして推論の土台となる背景をまず明らかにした上で、あらためて実行させたいタスクを記述する。これにより、具体的なタスクから一歩引いて問題を俯瞰し、

問題の背後にある高次の概念や原理、関係性を抽出し、それをもとにして推論を進めるように誘導する。タスクの背景情報も含めた深い理解や洞察を得ることで、モデルの推論能力を向上させるプロンプトパターンだ。

ステップバックプロンプトパターンは、CoTパターンを用いた推論の中間段階で不可避的に発生する誤りを事後的に修正するのではなく、そもそもの誤りが発生する確率を減らす「誤り抑制」の方法とみることができる。Google PaLM-2L とステップバックプロンプトの組み合わせが、多様なタスク —— さまざまな知識を問うタスク、科学や工学、数学的思考が必要なタスク、複数の思考ステップが必要なタスクなど —— に対して、GPT-4に匹敵、あるいは凌駕する性能を示したことが報告されている[2]。ハルシネーションの解消に直接的に貢献する手法ではないものの、大規模言語モデルの潜在能力を引き出すプロンプトパターンとして特徴的である。

[1]：Huaixiu Steven Zheng and others「Take a Step Back: Evoking Reasoning via Abstraction in Large Language Models」（arXiv.2310.06117／2023）https://doi.org/10.48550/arXiv.2310.06117
[2]：工夫のないプロンプトを用いた場合、推論能力においてPaLM-2L自身はGPT-4よりも劣るケースが多い。

プロンプトの例

ステップバックプロンプトパターンは、タスクに関連する高レベルの概念を抽出する「抽象化」ステップと、それらの概念に基づいて元のタスクを解決する「推論」ステップの2段階で構成される。

1. 抽象化ステップ：直接本題を問うのではなく、より抽象的で高レ

ベルの概念や原理に関する「ステップバック質問」を与え、関連する事実を列挙する。

2. 推論ステップ：抽象化で抽出した高レベルの概念や原理に関する事実に基づいて、元の問題に対する解決策を推論する。

したがって、ひとつのプロンプトで完結する処理ではなく、会話を何度か往復する必要がある。具体的な例で見ていこう（例題は原著論文からの引用）。

入力するプロンプト（最初の質問）

理想気体の圧力Pは、温度Tが2倍に、体積Vが8倍に増加した場合、どのように変化しますか？

1. Pは16分の1に減少する。
2. Pは4分の1に減少する。
3. Pは2分の1に減少する。
4. Pは4倍に増加する。

このプロンプトに対して、たとえば以下のような出力結果が得られる。

モデルの応答

正しい答えは1です。理想気体の状態方程式は $PV = nRT$ です。温度Tが2倍に、体積Vが8倍に増加すると、圧力Pは16分の1に減少します。

上記回答は誤りである。

下線で示した箇所が誤りで、正しい答えは選択肢2「4分の1に減少

する。」である。ここで興味深いのは、回答の中に示された理想気体の状態方程式 PV ＝ nRT それ自体は正しい知識であるにもかかわらず、モデルはその関係性を適切に利用できていないことだ。大規模言語モデルの「理解」と私たち人間の「理解」は、やはりどこか違っているようである。

　次に、ステップバック質問から始めてみよう。

入力するプロンプト（ステップバック質問）

以下の質問の背後にある物理的な原理について答えてください。
　ここに上で示した最初の質問が入る。

モデルの応答（ステップバック回答）

理想気体の状態方程式：PV ＝ nRT
ここでPは圧力、Vは体積、nはモル数、Rは気体定数、そしてTは温度です。

　これが抽象化ステップである。この回答を踏まえて、次の推論ステップであらためて問いたい質問を投げかける。

入力するプロンプト

あなたは物理の専門家です。これから物理の問題と、問題を解くためのいくつかの原理を与えます。
与えられた原理に従って、ステップバイステップで問題を解いてください。
問題：　ここに上で示した最初の質問が入る。
原理：　ここに上で示したステップバック回答が入る。
回答：　空欄

上記プロンプトの中の「あなたは物理の専門家です。」（ペルソナパターン）や「ステップバイステップで」（ゼロショットCoTパターン）のようなトリガープロンプトは元の論文に倣ったものだが、これらは必ずしも必要ではないだろう。「問題」とその背後にある「原理」を適切に提示して回答を促すことができれば、ステップバックプロンプトパターンとしては成立している。

　このプロンプトに対する応答はたとえば以下である。

モデルの応答（最終回答）

理想気体の状態方程式を適用して圧力を求めます。

温度が2倍になると、Tは2Tになります。体積が8倍に増加すると、Vは8Vになります。
これらの値を理想気体の状態方程式に代入すると、次のようになります：

$$P(8V) = nR(2T)$$

両辺を8Vで割ると、次のようになります：

$$P = nR(2T) / 8V$$

圧力が4分の1に減少していることがわかります。

　下線で示したように、今回は見事に正解することができた。

ステップバック質問の自動生成

　上記の例では「○○の背後にある物理的な原理は何ですか？」というステップバック質問を私たち人間が考え、モデルに与えた。しかし、問題を抽象化するためにどのような質問をステップバック質問として与えれば良いのか、良い例を思いつかない場合は多いだろう。良い問いを立てること自体、対象についての深い理解を必要とするものだ。

　このような場合はモデルにステップバック質問そのものを考えてもらえば良い。**こうした発想が大規模言語モデルを使いこなす上でとても重要だ。**

　たとえば以下のようなタスクを考えてみよう。

「2024年1月時点での、東京都内にあるスーパーマーケットの数を推測してください。」

　これは認識検証パターンでも例として挙げたフェルミ推定の一種だ。「統計・データでみるスーパーマーケット」*によれば、2023年12月末時点での東京都内のスーパーマーケット数は3,034店舗とある。仮にこれを正答としよう。

＊：一般社団法人全国スーパーマーケット協会「統計・データでみるスーパーマーケット」http://www.j-sosm.jp/

　以下はChatGPT 4上でステップバックプロンプトパターンを用いたデモンストレーションである。

　まずは直接尋ねてみよう。

2024年1月時点で、東京都内にあるスーパーマーケットの数を有効数字2桁まで推測してください。
検索エンジンは使わないこと。

ChatGPT 4は検索エンジンと連動して具体的な事実を調べることができるので、ここではあえて「検索エンジンは使わないこと」と付け加えて、推論のみに頼るように指示する。

2024年1月時点の情報は手元にありませんが、東京都は日本で最も人口が多い都市であり、多数の商業施設が存在しています。一般的に大都市では数百から数千のスーパーマーケットが存在することが多いです。しかし、東京のような巨大都市では、その数はさらに多くなる可能性があります。小規模な店舗から大型チェーンまで含めると、数はかなりの範囲に及ぶでしょう。有効数字2桁で推測すると、おそらく数千の範囲、たとえば「数千」といった表現が妥当かもしれません。ただし、これはあくまで推測であり、正確な数字は市場調査や公式の統計データを参照する必要があります。

下線部が具体的な回答である。「数千」という回答は与えた有効数字の指定を無視してはいるが、先に示した正答と比較するとまずまずといったところだ。

次にステップバックプロンプトパターンを使ってみよう。

あるエリアのスーパーマーケットの数を決定する要因としては、人口密度や生活スタイル、市場トレンド、経済状況など、複数の要因が

考えられるだろう。ステップバック質問としては、

　「あるエリアのスーパーマーケットの出店数を決定する要因を列挙してください。」

　で良さそうだ。しかし、以下に示すトリガープロンプトを用いればより簡単だ。

入力するプロンプト（ステップバック質問の生成）

<u>以下の質問に回答するために必要な背景知識を明らかにするための「ステップバック質問」を生成してください。</u>
質問：2024年1月時点で、東京都内にあるスーパーマーケットの数を有効数字2桁まで推測してください。

　下線部がトリガープロンプトである。トリガープロンプトに続く「質問」部分には先の例と同じ文言を用いた。

　トリガープロンプト自体は汎用的な内容で、「東京都内」や「スーパーマーケット」といった具体的な内容は「質問」部分を参照するように指示している。このように質問を「パラメータ化」する、つまり質問部分を他の質問に置き換えても文章が成り立つようにプロンプトを構成することで、プロンプトパターンを他のタスクにも再利用することが可能だ。

　ChatGPTの回答は以下だ。

モデルの応答（ステップバック質問の生成）

以下は、2024年1月時点で東京都内にあるスーパーマーケットの数を有効数字2桁まで推測するために役立つ「ステップバック質問」です：

---

1. 東京の総人口は何人ですか？
2. 東京の地理的な広さはどの程度ですか？
3. 一般的に、1つのスーパーマーケットがカバーする人口や面積はどのくらいですか？
4. 東京の住宅や商業地域の分布はどのようになっていますか？
5. 近年の東京におけるスーパーマーケット業界の傾向はどのようなものですか？
6. スーパーマーケットの数に影響を与える可能性のある地域的、経済的、または社会的要因は何ですか？
7. 以前の年に東京でスーパーマーケットの数を調べたデータはありますか？
8. 東京以外の同様の大都市では、どの程度のスーパーマーケットが存在していますか？

　定型のトリガープロンプトを加えるだけで、非常に具体的なステップバック質問のリストが完成した。

　そして以下のように続ける。

入力するプロンプト（ステップバック質問）

上記のステップバック質問について、それぞれ回答してください。事実の提示が困難であれば推測してください。検索エンジンは使わないこと。

　2行目を補足すると、「事実の提示が困難で……」の箇所は、モデルが「その質問の回答に必要な知識を自分は持っていない」と即座に推論を諦めてしまうのを予防するため。「検索エンジンは……」の箇所は、先の例と同様、検索エンジンに頼らない推論能力を測るためであ

る。

　以下に少し長くなるがステップバック回答を示す。

モデルの応答（ステップバック回答）

了解しました。以下は、提案したステップバック質問への推測に基づく回答です。

1. 東京の総人口は何人ですか？
　2024年の時点で、東京都の総人口は約1,300万人前後であると推測されます。これは過去のデータと人口動態の傾向に基づく推測です。

2. 東京の地理的な広さはどの程度ですか？
　東京都の総面積は約2,200平方キロメートルで、これには中心部の23区だけでなく、多摩地域や離島も含まれます。

3. 一般的に、1つのスーパーマーケットがカバーする人口や面積はどのくらいですか？
　地域や店舗の大きさによって異なりますが、1つのスーパーマーケットがカバーする平均的な人口はおおよそ3,000〜5,000人、面積に関しては約1〜2平方キロメートルが目安かもしれません。

4. 東京の住宅や商業地域の分布はどのようになっていますか？
　東京は商業地域、住宅地域、工業地域が混在しており、中心部は高密度で商業地域が多いですが、郊外に行くほど住宅地域が広がっています。

5. 近年の東京におけるスーパーマーケット業界の傾向はどのようなものですか？

　　近年、東京では小型のスーパーマーケットやコンビニエンスストアが増加傾向にあり、一方で大型店舗は郊外に多い傾向があります。また、オンライン販売の増加も影響している可能性があります。

6. スーパーマーケットの数に影響を与える可能性のある地域的、経済的、または社会的要因は何ですか？

　　人口密度、所得水準、不動産価格、消費者の購買力や嗜好、競合他社の存在、都市計画などが影響を与える主要な要因です。

7. 以前の年に東京でスーパーマーケットの数を調べたデータはありますか？

　　私が利用できるデータはありませんが、通常は市場調査会社や業界団体がこの種の情報を提供しています。過去数年間のデータを見ることで傾向を分析できるかもしれません。

8. 東京以外の同様の大都市では、どの程度のスーパーマーケットが存在していますか？

　　他の大都市、特にニューヨークやロンドンなどでは、人口1万人あたりのスーパーマーケットの数は東京と似ているか、やや多い可能性があります。これは都市の生活スタイル、土地利用、および消費者の行動によって異なります。

これらの回答は一般的な知識や推測に基づいており、正確な数字

こうした精緻な回答が一瞬で生成される様子を見ると、大規模言語モデルの人間社会に対する理解度とその言語化能力の高さにあらためて驚かされる。もちろん、クリティカルな用途においてはステップバック回答そのものにハルシネーションが含まれていないかの検証は必要だ。スーパーマーケットの経済についてウェブ上で閲覧可能な情報を個別に検証してみたところ、ここでのステップバック回答は概ね正確なようだ。

仕上げに、最終的な質問を続ける。

入力するプロンプト

上記のステップバック質問への回答をもとに、最初の質問「2024年1月時点で、東京都内にあるスーパーマーケットの数を有効数字2桁まで推測してください。」に回答してください。

最終回答は以下だ。

モデルの応答

上記のステップバック質問への回答をもとに、2024年1月時点で東京都内にあるスーパーマーケットの数を推測すると、以下のようになります。

- 人口とスーパーマーケットの比率を考慮する：東京の総人口が約1,300万人で、一般的に1つのスーパーマーケットが3,000〜5,000人をカバーするとすると、約2,600から4,300のスーパー

マーケットが必要かもしれません。

- 地理的な広さを考慮する：東京の総面積が約2,200平方キロメートルで、1つのスーパーマーケットが平均して1〜2平方キロメートルをカバーするとすると、約1,100から2,200のスーパーマーケットが理論的には存在可能です。
- 都市の特性を考慮する：東京は高密度で商業地域が多い中心部と、広がる住宅地域の郊外を持っています。これにより、中心部では小型の店舗が密集し、郊外では大型店舗が散在する可能性があります。

これらの要因を総合すると、おおよそ2,000から3,000のスーパーマーケットが東京に存在する可能性が高いと推測されます。しかし、具体的な数字は人口密度、土地利用、市場の競争状況、消費者の行動など多くの変数に依存するため、これはあくまで大まかな推測です。

したがって、2024年1月時点での東京のスーパーマーケットの数を有効数字2桁で推測すると、「2,500店」となる可能性があります。実際の数は市場調査や公的な統計によって確認する必要があります。

　下線部が具体的な回答である。「2,500店」という回答は正答の3,034に肉薄していると言えるだろう。

　ここで例として挙げた動作は、質問の背景を構成する個別の要素を明らかにする点で、結果的には前章で紹介した認識検証パターンを用いたフェルミ推定に類似している。しかし、ステップバックプロンプトパターンの特徴は、質問を分解するだけではなく、広くその背景や原理に着目する点にある。

ひとこと

　ステップバックプロンプトパターンは推論能力を高めるための強力な手法だが、質問が単純で直接的な回答が求められる場合にはそれほど有効ではない。たとえば「2000年のアメリカ合衆国大統領は誰ですか？」や「光の速度はいくらですか？」のような質問は、抽象的な思考よりも具体的な事実を知っていることが重要で、抽象化を行うことに大した意味はない。

　また、「理想気体の状態方程式」の例でも見たように、大規模言語モデルは自身が出力した内容を必ずしも自身の推論の土台にしていない。これは普通の人間から見ればぎょっとする性質だ。私たちは、考えていること、言っていること、実行していることの一貫性がない相手をまともだとはとても思わないだろう。相手の発言の内容を、相手は当然理解していると考える。しかし大規模言語モデルはその期待を裏切るのだ。

　こうした「理解を伴わない生成・創作」が、今後改良が重ねられていくであろう大規模言語モデルの性質として残り続けるのかは現時点では定かではない。しかし、モデルが出力した結果を再びプロンプトからモデルに入力として与えることで、文脈内学習の力によって、その内容をきちんと評価してくれることをここでの例は示している。背景や原理を「いったん言語化して」「再帰的にプロンプトとして与える」ことで、推論能力が向上することは確かなようだ。

4-4

メタ認知的プロンプト
パターン

学びて思わざれば即ち罔し

　これまでに見てきたCoVeパターンやステップバックプロンプトパターンでは、モデルの出力結果を再度処理することによって、より質の高い推論結果を得ることができた。より専門的な言い方をすれば、それらは「**再帰的**（Recursive, Recurrent）」な処理を行っていた。

　数学や情報処理において、出力を再び入力に用いる再帰的な処理それ自体は特別なことではない。たとえば再帰関数と呼ばれる関数は、関数の内部で自分自身を呼ぶ関数だ。再帰関数では関数の返り値（出力）が再び関数の中で利用され新たな出力を生み出す。数学における階乗の計算などが典型的だ。

```
function factorial(n)
    if n == 0 then
        return 1
    else
        return n * factorial(n-1)
```

```
end function
```

ここで定義した **factorial** という関数は、nを引数とし、下線で示した箇所で自分自身を **n-1** を引数として呼んでいる。たとえば **n=5** ならば内部で **5 × factorial(4)** を計算し、その **factorial(4)** もまた内部で **4 × factorial(3)** を計算する。最終的に **5 × 4 × 3 × 2 × 1 = 120** が出力されるという仕組みだ。

一方、大規模言語モデルが単純な再帰関数と違って興味深い点は、私たちが生きる複雑な世界の法則性の言語的な表現を、モデルが内部に持っている点だ。

自分自身の言葉や行動を事後的に自分自身で再び振り返る行為は私たち人間にとっても日常的であり、かつ高度な情報処理である。モデルの出力を再帰的にモデルに戻すという操作はすなわち、モデル自身に深い内省を求め、その潜在能力を引き出すアプローチとみることもできる。これは「**メタ認知**」の考え方に近い。

この節ではまずメタ認知とは何かについて簡単に紹介した後、メタ認知の考え方を取り入れたプロンプトパターンの例について紹介する。

メタ認知

メタ認知とは、自己の認知プロセスに対する認識や調整を指すものである。

たとえば「自分は他人の気持ちを慮（おもんぱか）るのが苦手だな」と感じたならば、それは自分自身の能力や状態に対する認識に他ならず、まさにメタ認知の一種である。そうしたメタ認知を行うことによって、「もっと他人をよく観察しないといけないな」といった行動の調整が可能にな

り、それはより良い推論、意思決定、行動計画へと私たちを導いてくれる。

人間におけるメタ認知には、自分の思考の過程や心の働きを内省し、理解し、これを監視し、制御し、最適化するといったさまざまな側面がある。課題の解決という観点から見れば、自分があるタスクをどれだけ理解しているかの自己評価、学習や問題解決の際の方針の選定、そしてこれらのプロセスを適切に調整し運用するといった能力に関係してくるだろう。

現在の技術において、大規模言語モデルが本当の意味でのメタ認知を持つことはないだろう。大規模言語モデルには、反省だとか内省だとか生理的な欲求が生む動機だとかいった精神活動を内側から駆動する自己意識が存在しないからだ。自己意識はメタ認知に先立つ概念であるとされている。

しかし、「本物の」メタ認知能力を持たなくても、人間のメタ認知を模倣した能力を持つモデルは、自身の推論過程をより精緻にコントロールすることで、高いパフォーマンスを発揮できるようになるだろう。

メタ認知的プロンプトパターンとは、モデルの推論過程そのものをメタ認知的、あるいは再帰的な自己評価によって明示的に「言語化させる」ことで、推論能力を向上させようとするアプローチである。

メタ認知的プロンプトパターンの例

Metacognitive（メタ認知的）という用語は個別の方法論を指すものではない。以下で紹介する、Wangらによって開発されたメタ認知的なプロンプト（Metacognitive Prompting）のひとつを、ここでは仮に「MPパターン*」と呼ぶことにしよう。

MPパターンは、その名の通り、大規模言語モデルの推論プロセスをメタ認知的に構成するプロンプト作成の手法である。この手法はモデルに人間の内省的な推論プロセスを模倣させることで、タスクの深い意味理解と文脈の把握に到達することを促す。

　＊：Yuqing Wang and others「Metacognitive Prompting Improves Understanding in Large Language Models」(arXiv.2308.05342／2023)
　https://arxiv.org/abs/2308.05342

　たとえば、あるタスクに向き合った際の私たち人間のメタ認知は、

ⅰ. 知識や経験に基づく問題の解釈と理解
ⅱ. 解釈や理解に基づく判断と、結果についての内省
ⅲ. 内省結果に基づく判断や行動の修正

　という段階を踏むだろう。MPパターンは次の5段階の手順でこれを構成する。

1. 自身の理解の明示化：入力されたタスクを解釈する。
2. 初期判断：初期の推論を形成する。
3. 批判的評価：初期の推論に対して批判的評価を行う。
4. 最終判断：批判的評価の後、最終的な推論を行う。
5. 信頼度評価：最終的な結果に対する信頼度を評価する。
　（1はⅰ、2と3はⅱ、4と5がⅲにそれぞれ対応する）

　「2つの質問が互いに言い換えであるか否かを判定させるタスク」（原著論文からの引用）を例に、実際の動作を見ていこう。
　MPパターンは5段階の推論ステージからなるが、実行時にはこれを以下のようにひとつのプロンプトで与えることができる。

質問：以下の2つの質問

1. What are the most beautiful beaches in the world?

2. What is the most beautiful beach?

について、両者が互いに言い換えであるか判定してください。

このタスクを実行する際、以下のステップに従うこと。

1. 2つの質問について、あなたの理解を明らかにせよ。

2. 主題、文脈、意味的内容に基づいて、2つの質問の類似度を予備的に識別せよ。

3. 予備的な分析を批判的に評価せよ。2つの質問が互いに言い換えであるか、最初の評価に確信が持てない場合は、再評価を試みよ。

4. 2つの文章が互いに言い換えであるかどうかの最終的な判断を固め、その根拠を示せ。

5. 0〜100%の間で分析に対する信頼度を評価し、その信頼度についての説明を与えよ。

2つの質問はともに「世界で最も美しいビーチ」について尋ねているが、質問1は複数形、質問2は単数形で尋ねている点が異なる。
ChatGPT 3.5の出力結果は以下だ。

1. 理解の明確化

　　質問1："What are the most beautiful beaches in the world?" この質問は、世界中で最も美しいと考えられ

るビーチのリストまたはグループに関するものです。

質問2：“What is the most beautiful beach?” この質問は、世界で最も美しいと考えられる単一のビーチに焦点を当てています。

2. 類似度の予備的識別

主題：両質問の主題は「世界で最も美しいビーチ」です。

文脈：両質問は観光や自然の美しさに関するものである。

意味的内容：最初の質問は複数のビーチについて尋ねているのに対し、2番目の質問は単一のビーチに特化しています。

3. 批判的評価

これらの質問は似ていますが、答えが異なる可能性があります。最も美しいビーチの「リスト」は複数のビーチを含み、異なる基準や好みに基づいて選ばれるかもしれません。一方で、最も美しいビーチの「単一の選択」は、より限定的で主観的な意見に基づく可能性が高いです。

4. 最終判断

これらの質問は互いに言い換えではありません。最初の質問は広範なリストを求めているのに対し、2番目の質問は単一の、最も美しいビーチに特化しているため、回答が異なる可能性が高いです。

5. 信頼度評価

信頼度は約85%とします。この判断は、質問の言葉の選択と意図された回答の性質に基づいています。しかし、美の概念が主観的であるため、一部の回答者が両質問に対して似たような答えを提供する可能性は否定できません。

単数形と複数形によって、問われている意味がそれぞれ異なるとい

う結論だ。もっともらしい回答と言える。ただし、最後の信頼度評価（ここでは85%と評価された）が何しらの厳密な意味を持ち得るのかについては疑念が残る。メタ認知的プロンプトの核心部分ではないので、このステップは割愛しても良いと思われる。

　ここで用いた例は2つの質問が言い換えであるかを判定するタスクだが、5段階の推論ステージで与えるメタ認知的プロンプトの文言を少し変えて、他のタスクに転用することも難しくはないだろう。あるいは個別のタスクに依存して変更が必要な部分については、ステップバックプロンプトパターンで見たように、モデル自身に具体的なメタ認知的プロンプトを自動生成させることも可能だろう。

ひとこと

　さて、元の論文で示された回答例では、ビーチに関する2つの質問は「量的には異なるが基本的には同じタイプの情報を求めている＝言い換えである」という結論だった。つまり、上で提示した回答例「問われている意味は異なる＝言い換えではない」とは逆の判断を下していることになる。2つの異なる結論は、回答とともに提示されているその根拠を見ればわかるが、どちらが間違っているということではない。結論も重要だが、問題によっては結論に至る根拠を私たち人間が納得できるかどうかが重要だろう。

　そういう意味で、根拠や思考過程を提示しながら回答を引き出すことができる大規模言語モデルは、私たちが説明責任を果たしながら意思決定を行っていく際のパートナーとして、多くの場面で利用が進んでいくだろう。

　しかし同時に、人間のほうで結論や評価を一方的に決めた上で、大

規模言語モデルを用いてそれを正当化する根拠をひねり出すこともまた可能だ。AIが不誠実な形でアカウンタビリティを担い、人間がそれを単に証拠として追認するだけの存在に近づいていく未来も想像に難くない。うまくAIと付き合っていくということは、私たちが寄って立つ意思決定の根拠と誠実に向き合うということかもしれない。

1

2

3

4

5

6

第 **5** 章

発展的な技術

前章までは大規模言語モデルの推論能力を高めるためのプロンプトパターンについて紹介してきた。それらは、ある特定の思考パターンのトリガーとなるプロンプトを用いることで、モデルが行う推論がデタラメな方向に漂流したりハルシネーションを起こしたりするのを防ぎ、モデルが持つ知識や推論能力を最大限に引き出すためのアプローチだった。

　この第5章では、大規模言語モデルを使いこなす上での、より発展的な技術について見ていこう。それらは複数のモデルを用いたり、あるいは他のソフトウェアと連動したり、ドメイン知識や記憶のメカニズムをモデルに統合することで、大規模言語モデルの能力を大きく拡張する技術だ。それはもはやプロンプトパターンという技術的な枠組みを超えた「アーキテクチャ」とでも呼ぶべきものかもしれない。

　大規模言語モデルは膨大な量のデータを学習した結果、それ自身の内部に測りしれない知識を蓄えている。その上で、大規模言語モデルの外部に特別な記憶を持たせる動機には主に2つある。ひとつは事前学習や追加学習の限界を超えて、モデルの知識や推論能力を拡張すること。この技術は「**検索拡張生成***（Retrieval Augmented Generation）」、一般に「**RAG**」と呼ばれている。もうひとつは「**LLM-as-Agent**」の実現。すなわち自律的で創造的に振る舞う「**AIエージェント**」を実装することだ。AIエージェントとは我々の知的労働のパートナーになってくれる存在である。

　本章の内容は本書の主旨である「プロンプト作成の技術」からは部分的に逸脱するが、これから大きく発展するであろう重要な技術なので、合わせて俯瞰しておきたい。

　＊　Patrick Lewis and others「Retrieval-Augmented Generation for Knowledge-Intensive NLP Tasks」（arXiv:2005.11401／2020）
　　　https://doi.org/10.48550/arXiv.2005.11401

5-1

自己一貫性パターン

三人寄れば文殊の知恵

「**自己一貫性**（Self-consistency）」パターン[*1]、あるいは「**CoT-SC**（CoT with Self-consistency）」パターンはCoTパターンの推論能力を改善するために考案された手法だ。

自己一貫性、あるいは同義の自己無撞着性とは、自分自身の一連の言動に矛盾がないことを意味する。自己一貫性パターンを一言で言えば、ひとつのモデルから複数の回答を生成して、多数決で最終回答を選ぶという方法だ。このシンプルなアイデアは、GPT-3をはじめとする複数の大規模言語モデルに対して、その有効性の検証が行われた。結果として、算術的な質問、常識を問う質問など、ベンチマークとなる複数の推論タスクにおいて大幅に推論性能を改善したことが報告されている。

自己一貫性パターンは、正しい答えはひとつであっても、その推論過程は多様であって良いという考え方に基づいている。米国の社会科学者、スコット・ペイジ氏は著書[*2]の中で、異なる観点や解釈を持つ

人間集団の多様性が、問題解決においてポジティブに働くことを明らかにした。ここでの対象は人間集団ではなくモデルが出力する回答の集団だが、自己一貫性パターンはこの洞察を彷彿とさせるアプローチだ。

自己一貫性パターンと似た別のアプローチに、GPTやPaLM、Llamaといった異なる種類のモデルにそれぞれ回答を生成させ、最終的にそれらの回答の中から最も適切なものを選択するという手法もある。「**LLM-Blender**[*3]」と名付けられたこの手法は「モデルのアンサンブル」、つまり「異なるモデルの集団」を用いる手法だ。それは自己一貫性パターンがひとつのモデルを用いてハイパーパラメータを変えながら回答を複数生成させるのとは対照的である。

ひとつのベストなモデルから回答を複数生成するアプローチ（自己一貫性パターン）と、複数の異なるモデルから回答を生成するアプローチ（LLM-Blenderのような実装）のどちらがより多様な観点を提供できるのか。その答えは明らかではないが、両者ともにモデルの出力結果の質を高めるために広く応用が利く考え方であることは間違いないだろう。

＊1：Xuezhi Wang and others「Self-Consistency Improves Chain of Thought Reasoning in Language Models」(arXiv:2203.11171／2022)
https://doi.org/10.48550/arXiv.2203.11171
＊2：スコット・ペイジ『「多様な意見」はなぜ正しいのか』（水谷 淳 翻訳／日経BP社）
https://bookplus.nikkei.com/atcl/catalog/09/P46000/
＊3：Dongfu Jiang and others「LLM-Blender: Ensembling Large Language Models with Pairwise Ranking and Generative Fusion」(arXiv:2306.02561／2023)
https://doi.org/10.48550/arXiv.2306.02561

プロンプトの例

自己一貫性パターンは以下の3段階からなる。

1. CoTパターンを用いて質問プロンプトを作成する。
2. モデルのハイパーパラメータを変えながら、質問プロンプトに対するモデルの応答を複数生成する。
3. 多数決で最終的な回答を選ぶ。

　ステップ2において、問題解決のための異なるアプローチや思考過程のバリエーションが生成される。

　具体的な例で見ていこう（例題は原著論文からの引用）。

入力するプロンプト

質問：駐車場に3台の車があり、さらに2台の車が到着した場合、
　　　駐車場には何台の車がありますか？

回答：駐車場にはすでに3台の車があります。そこにさらに2台が
　　　到着します。いま、車は3＋2＝5台です。答えは5台です。

…

ここでは「質問＋推論過程と回答」というCoTパターンを用いた模範例を複数与えている。つまりCoT＋少数ショットパターンである。そして最後に回答欄を空欄にした本命の質問を与える。

…

質問：ジャネットのアヒルは1日に16個の卵を産む。彼女は朝食
　　　に毎朝3個食べ、毎日友人のために4個使ってマフィンを焼
　　　く。残りの卵を1個2ドルで売る。彼女は毎日いくら稼ぐ
　　　か？

回答：　空欄

　このプロンプトに対して、通常はひとつの推論結果が得られる。たとえば以下だ。

モデルの応答

回答：これは、彼女が毎日3＋4＝7個の卵を使っていることを意味します。残りの卵を1個2ドルで売るので、合計で彼女は毎日7 * 2ドル＝14ドルを売り上げます。答えは14ドルです。

ここではあえて間違った出力結果を例示した。売るべき卵は7個ではなく16－7＝9個だ。したがって、正解は9 * 2ドル＝18ドルである。既に述べたように、実際、大規模言語モデルは論理的・算術的な間違いを犯す場合があるのだ。

しかし、自己一貫性パターンを用いると、得られる複数の回答（ここでは3つ）と最終結果は以下のようになる。

モデルの応答1

彼女には16－3－4＝9個の卵が残っています。そのため、彼女は一日に2ドル * 9＝18ドルを稼ぎます。答えは18ドルです。

モデルの応答2

回答：これは、彼女が残りを1日あたり2ドル *（16－4－3）＝26ドルで売るということを意味します。答えは26ドルです。

モデルの応答3

回答：彼女は朝食に3個を食べるので、16－3＝13個が残ります。それから彼女はマフィンを焼くので、13－4＝9個の卵が残ります。したがって、彼女は9個の卵 * 2ドル＝18ドルを持っています。答えは18ドルです。

これらの応答はウェブサービスとしてのChatGPTではなく、ハイパーパラメータを変更可能なAPIを利用して取得したものだ。

　すべての応答から推論過程に相当する部分を取り除き、回答部分（答えは〇〇ドルです）だけを抽出する。そして、機械的に多数決を実行すると、

　「答えは18ドルです。」

が得られる。

　最終的な回答は正解だ。誤った推論過程を採用しているケース（応答2）では初歩的な計算ミスを犯していることがわかる。しかし、多数決によってその計算ミスは否決され、正しい推論過程をたどった応答1と応答3の結論が採用された。

ひとこと

　複数の異なる推論過程から得られた回答を集約して最終回答を得ることはハルシネーションを抑制する上で効果的だ。

　しかし、難点も存在する。答えが形式的にひとつに定まる場合には多数決という手段が機能するが、たとえば「今日の天気を教えてください」のような自由テキストで回答するケースでは、どのような表現が生成されるかは不明だ。複数の回答を比較評価するのが難しい場合には自己一貫性パターンは適用しづらいかもしれない。

　また、非常に単純な考え方に基づいてはいるが、実装に工夫が必要だ。実際の使用の場面では、モデルが提供するAPIを通して異なるハイパーパラメータで複数の応答を生成させ、それを集約して最終回答を生成する一連の動作のためのプログラミングが必要になる。大規模言語モデルの応答は本質的に確率的なので、ハイパーパラメータを変

えずとも、回答のバリエーションを複数生成することは可能である。しかし、性能の良いモデルであるほど、比較的予測可能で一貫した回答が生成されがちである。より多様な推論パスや回答を得る上で、APIを用いたハイパーパラメータやサンプリング上の工夫は必要だろう。前章のCoVeパターンもそうだったが、大規模言語モデルを柔軟に、より高度に使いこなすためには、こうしたAPIを利用するためのプログラミングは避けて通ることができない。

　自己一貫性パターンでは最終的には単純な多数決を用いた。しかし、複数の回答を大規模言語モデルにさらにレビューさせるなど、より発展的な方法も考えられる。私たち人間も、複数の意見に対して多数決ではなく議論によって最終結論に至るケースがある。AIエージェントが互いに議論することで、より優れた結論に至る道筋も十分考えられるだろう。そうした民主的なプロセスを基盤としたプロンプトやAIエージェントのデザインは価値ある挑戦だ。

5-2

ReActパターン

行動する能力を持った大規模言語モデル

CoTパターンは、人間が行う問題解決の方法に倣って、質問に答えるプロセスを複数のステップに分けるアプローチだ。だが、一連のステップのどこかで間違えると、それがその後のすべてのステップに影響してしまうという問題がある。

たとえば、伝言ゲームを考えてみよう。ひとつのメッセージが人から人へと伝わっていくゲームだ。ゲームが始まると、最初の人がメッセージを次の人に静かにささやく。そして、そのメッセージは次々と参加者を経由して伝えられる。が、もし最初の人がメッセージを少しでも間違えたり、次の人が何かひとつの単語を誤解して用いたりすると、その小さな間違いは次の人へと伝えられ、それが繰り返されるうちに、最終的なメッセージは元のものとは全く異なるものになる。

CoTパターンでも同じように、あるステップでの思考の誤りがその後の結論に連鎖的に影響してしまい、最終的な結論を歪める結果につながる。

そこで、提案されたのが「**ReAct**」パターンだ。ReActは「Reason（推論）＋ Act（行動）」を意味し、CoTパターンのような推論と、ウェブにアクセスするといった行動を組み合わせて、正しい推論のために必要な情報検索を合わせて行う。

「行動」と聞いて、読者は戸惑うかもしれない。4章まではChatGPTのような単一のウェブサービス上で、プロンプトを工夫することで大規模言語モデルを利用してきた。ここから先の話は、大規模言語モデルの推論能力を最大限に活用するために、チャットサービスの外側に広がっていく。

APIで広がる行動範囲

コンピュータの中で動作するソフトウェアは、他のソフトウェアやハードウェアと**API**（Application Programming Interface）と呼ばれるインターフェースを介してつながり、それらをコントロールしたり、それらから情報を取得したりすることができる。たとえば、スプレッドシートのソフトウェアがAPIを提供しているならば、他のソフトウェアからスプレッドシートを作成してグラフを描くことが可能だ。あるいはロボットハンドの制御システムがAPIを提供しているならば、他のソフトウェアからロボットハンドを操作することもできる。検索エンジンやブラウザがAPIを提供しているならば、私たちが直接ブラウザや検索エンジンのウェブを開かなくても、ソフトウェア内からAPIを用いて情報検索ができる。

ReActパターンは大規模言語モデルの推論能力を拡張するために、APIを介して外部にアクセスして情報を取得するという点が決定的に重要だ。そのために、ReActパターンはChatGPTのようなウェブサー

ビスではなく、大規模言語モデルが提供するAPI（たとえばOpenAI
が提供する「OpenAI API」*）を用いて実装するのが一般的だ。

推論能力を活用しながらAPIを介して外の世界に働きかけることが
できる存在、それはあたかも知的に振る舞う独立した個のような存在
であり、AIエージェントと呼ばれる。ReActパターンは、後の節で触
れるRAGやLLM-as-Agentに密接に関連する、技術的に重要なマイ
ルストーンだ。

＊：https://platform.openai.com/docs/api-reference

ReActパターンの動作例

では、ReActパターンがどのように動作するのか、具体例を見てみ
よう。

入力するプロンプト

> 質問：Apple Remoteの他に、Apple Remoteが当初操作するよ
> うに設計されていたプログラムを制御できるデバイスは何
> ですか？

「Apple Remote」とはApple TVなどをコントロールするためのリ
モコンだ。単にこの質問をしただけの場合、「iPod」と間違った答え
が返ってくる。

一方、ゼロショットCoTパターンでは、以下のような順序だった思
考が行われる。

> **モデルの応答**
>
> Apple Remoteは元々 Apple TVと連携するために設計されました。Apple TVはiPhone、iPad、iPod touchからも制御できます。したがって、答えはiPhone、iPad、iPod Touchです。

　しかし、実際にはApple RemoteはApple TV用ではなく、「Front Row」と呼ばれるプログラム用に設計されており、ここでハルシネーションが起こっている。

　ReActパターンは、CoTパターンと同じように少数ショット学習を通じてモデルにそのパターンを伝える。CoTパターンが人間の思考方法を真似ているとしたら、ReActパターンはそれに加えて行動を起こすことで環境に働きかけ、その結果を用いて推論する。人間も言葉で考えるだけでなく、課題を解くために行動し情報を集めるのと同じだ。

　ReActパターンは、「行動」、「観察（行動から得られた結果）」、そしてそれから考えられる「思考（考察や推論）」と名付けられた3種類の情報からなる。ここで重要なことは、「観察」はモデルが生成したものではなく、環境から得られる情報であるということだ。そのため、ReActパターンを実装するには、テキスト情報を入力として受け取り、環境に働きかけ、その結果をテキストとして出力する何らかの外部モジュールが必要になる。

　ウェブ検索はこうしたモジュールとなり得る良い例だ。先ほどのApple Remoteの例では、「Apple Remoteがどのデバイスとやりとりするように最初はデザインされたか」という情報をクエリ（質問文）としてウェブに問い合わせ、検索結果を受け取る。ReActパターンは、その結果をもとに、質問に対する考察を行う。

　以下はReActパターンを用いた場合の思考過程の例だ。

思考1：Apple Remoteについて検索し、最初にどのプログラム
　　　と連携するように設計されたのかを調べる必要がある。

行動1：［Apple Remote］を検索

検索モジュールを呼び出す。

観察1：Apple Remoteは、2005年10月にAppleが発表したリ
　　　モコンで、Front Rowメディアセンタープログラムを操
　　　作するために設計されていた。

思考2：Apple Remoteは当初、Front Rowメディアセンタープ
　　　ログラムを操作するために設計されたようだ。次はFront
　　　Rowについて検索し、他にどのデバイスがこのプログラ
　　　ムを操作できるのか調べる必要がある。

行動2：［Front Row］を検索

検索モジュールを呼び出す。

観察2：［Front Row］は見つからなかった。類似キーワード：
　　　'Front Row Seat to Earth', 'Front Row Motorsports',
　　　'Front Row（software）'など。

思考3：Front Rowが見つからないので、Front Row (software)
　　　について検索する。

行動3：［Front Row（software）］を検索

検索モジュールを呼び出す。

観察3：Front Rowは現在は提供が終了しているメディアセンター
　　　ソフトウェアだ。

思考4：Front Row（software）は、Apple Remoteまたはキー

> ボードの機能キーで操作できるようだ。つまり、答えは
> キーボードの機能キーだ。

行動4：[keyboard function keys] で終了

　まず、Apple Remoteとそれが最初に操作するように設計されたソ
フトウェアに関する情報を検索する必要があるとし、実際に「Apple
Remote」と検索する。その結果、Apple Remoteは、2005年に
Appleによって導入され、Front Rowメディアセンタープログラムを
制御するために設計されたことがわかった。次に、「Front Row」に
ついて検索するが、関連する情報が見つからない。そこで検索を「Front
Row（software）」に絞り込んだところ、Front Rowは廃止されたメ
ディアセンターソフトウェアであることが判明した。最終的に、この
ソフトウェアはApple Remoteまたはキーボードの機能キーで操作で
きる、と正解にたどり着くことができている。

　このように、ウェブで検索したり、特定のデータベースにアクセス
して正しい情報を引き出したり、プログラムを呼びだして実際に計算
させるなど、さまざまな「行動」を通して情報を集めることで、ハル
シネーションを抑え、より正しい答えにたどり着けるようになる。

ReActも推論で間違う

　このようにReActパターンを使うことで、CoTパターンに比べてハ
ルシネーションを抑えることが可能になる。だが、推論での間違いは
増える可能性がある。それは、CoTパターンは一連の推論過程を最初
から最後まで連続的に行っていくのに対し、ReActパターンはこれま
での情報を確認しながら、逐次的に次の一手を考えていくからだ。CoT

パターンが事実確認よりもその一連の思考過程に重きを置いていると
したら、ReActパターンは行動に対する結果から考察し、次の一手を
考えることに重きが置かれている。

　そう考えると、CoTパターンはゴールまでの道筋がはっきりとわ
かっている問題に適しているのに対し、ReActパターンは囲碁や将棋
のような探索的な問題に適していると言えそうだ。囲碁で次の行動を
考えるには、相手（環境）の一手を待たなくてはいけない。それによっ
て次の自分の一手が異なるからだ。CoTパターンのようにスタート時
点でゴールまでの道筋を描くということはできない。同時に、ReAct
パターンは毎回の推論や結果によってその先の探索空間も異なってく
る。どの方向に舵を切るかによって、正解にたどり着けたり、たどり
着けなかったりするのだ。ここにReActの難しさがある。間違った方
向に舵を切っていってしまうと、修正して正しい軌道にモデルが自力
で戻ってくることは至難の業だ。

　そのひとつの解決策として提案されているのが、ReActパターンと
CoT-SCパターン（自己一貫性パターン）を同時に使う方法だ。ReAct
パターンは情報の正確性を確かめながら逐次処理していくため、各ス
テップの精度は上がるが、そのプロセス全体において一貫性が保たれ
るとは限らない。そこで、ある一定以上進めなくなったり、不確実性
が高まったりしたら、ReActパターンからCoT-SCパターンにスイッ
チする。そうすることで、これまでのステップが一貫性の観点から再
評価され、正解率が高まるというわけだ。もし一貫性が保たれていな
い箇所があれば、そこのステップまで戻って、やり直すことも可能だ。

　将棋や囲碁でも、プロの対局を一手一手振り返りながら、勝敗の分
かれ道になった一手などを特定したりすることがあるが、ReActパ
ターンとCoT-SCパターンを組み合わせることで、そうしたメタ視点
での考察が可能となり、必要に応じてそのステップまで戻って再試行

することができるのだ。

　このようにReActパターンはその性質から、推測のエラーが起こることを避けることはできないが、スタンダードなプロンプトやCoTパターンが抱えるハルシネーションを抑える方法として非常に有効な手段である。

5-3

RAG（検索拡張生成）

事前学習の限界

　事前学習を経た言語モデルは内部に膨大な知識や推論規則を蓄えている。ゼロショット学習でも見たように、何も追加の改良を施さなくても、大規模言語モデルはプロンプトひとつで人間に近い極めて高度な応答を生成することができる。しかし、以下に挙げるような、事前学習に用いた訓練データの中には存在しなかった知識については無力だ。

- 極めて専門性が高い知識：希少な遺伝疾患の治療法や先進的な材料科学、未解決の数学問題、特殊な法解釈など。
- 秘匿性が高い知識：特定の企業の顧客データやマーケティング戦略、政府の機密情報、科学研究の未公開データや特許出願中の発明、患者の病歴など。
- リアルタイムで生成される知識：株価や為替レートといった金融市場のデータ、世界情勢、道路の混雑状況や事故による規制など

の交通データ、ソーシャルメディア上のトレンド、天気予報など。

　これらの知識は追加学習で新たに獲得することも可能だが、知識が更新されるたびにモデルを再学習するには、学習データの整備が大変であり、膨大な計算資源が必要になる。また、ReActパターンで見たように、モデルを検索エンジンと組み合わせることで高いリアルタイム性を持ってウェブ上に公開された知識を利用することは可能だが、専門性や秘匿性という観点ではやはりウェブ上の知識は限定的である。

　そこで、モデルが容易にアクセス可能な形で、モデルの外部にドメイン固有の知識データベースを持たせようというアプローチが自然な発想として出てくる。それがRAGだ。

RAGとは

　RAGは情報検索（Retrieval）とテキスト生成（Generation）を組み合わせたアプローチだ。これは個別の手法やフレームワークを指す用語ではなく、大規模言語モデルを拡張するパラダイムを指す。広い意味で、モデルの外部に記憶の機構を持ち、それを有効に活用する方法のひとつと捉えることができる。たとえば、

- Wikipediaに接続されたChatGPT
- MicrosoftのBing検索エンジンと統合された大規模言語モデル
- 電子カルテを知識源とした医療情報に関するQ&Aシステム

など、アクセス先となる情報のリソースはさまざまだ。他にも学術論

文、ニュース記事、専門書籍、気象データ、交通データ、政府統計、判例や法解釈、ソーシャルメディアデータ、企業の業績や金融市場のデータなど、人類がこれまでに蓄積してきた、あるいは今現在生成し続けている、ありとあらゆる膨大な知識が対象だ。クエリ（質問文）に対して、ドメイン知識を反映した応答をテキストで返すことができるシステムであれば、ただのテキストファイルでもデータベースでも、あるいは検索エンジンでも知識のソースとして機能するだろう。

　そのメリットは大きく、

1. 知識の更新に大規模な再学習、追加学習が不要
2. モデル単体よりも遥かに広範で膨大な知識へのアクセスが可能
3. 問題となるドメインで要求される精度の高い回答が可能

など、どれも本質的に重要だ。とくに2と3については、知識の包括性やドメイン適合性という観点で、大規模言語モデルの応答の質を大きく高めるに違いない。これはハルシネーションの対策としても有効だ。この場合の課題は、外部知識源の信頼性や包括性、更新性を担保していく必要があることだろう。

　こうした特性は、エンタープライズAI（企業内で使用されるAI）では特に有効だ。企業は一般に顧客データや財務データなど大量のデータを管理運用している。これらのデータをRAGに統合することで、より具体的で正確な情報や回答を提供することができるようになる。たとえば、顧客サービスでのチャットボットや重要なビジネス決定に役立つ情報の提供、社内の知識共有などで活躍するだろう。

　結果として、大規模言語モデルは異なる基幹システム間での情報の流れをスムーズにすることで、組織全体のデータ管理と運用の効率を高める。いわば業務システムの生態系を作り上げるメディアとして機

能を担っていくだろう。

典型的なRAGの実装

　RAGはまず「情報検索フェーズ」において、質問や入力に合わせて、あらかじめ用意された大量の文書やデータの中から最も関連する情報を抽出する。このとき、自然言語で書かれた質問や検索クエリに対して、膨大な情報の中から関連の深い情報を高速に探し出すのは容易ではない。

　そこで活用される技術が「**埋め込み**[*1]（Embedding）」あるいは「**分散表現**（Distributed Representation）」と呼ばれる、テキストをベクトル化する技術だ。これは大規模言語モデルの根幹をなす技術でもある。埋め込みによってテキストは数百から数千、数万次元のベクトル（数値の羅列）へと変換されるが、意味的に関連する内容のテキストはより近いベクトルへと変換される。こうしてベクトル表現へと「埋め込まれた」テキスト情報は、元の文章とそのベクトル表現を組として、専用のベクトルデータベースへと格納される。

　ベクトル同士の近さを計算することはコンピュータにとっては容易だ。ベクトルの類似度の計算にはいくつかの方法があるが、典型的には内積の操作を行う。内積の値から2つのベクトルの角度（方向性の類似度）を求めることができるからだ。質問文を埋め込んだベクトルと、ベクトルデータベースに格納された大量のベクトルの内積を高速に計算することで、質問文に深く関連したテキストをRAGは効率的に見つけ出すことができる。

　外部に持つデータ構造はベクトルデータベースに限定されるわけではない。たとえば関連するイベントや概念をグラフ構造で表現した知

識グラフ（ナレッジグラフ）も有用だろう。単純なアイデアとしては、ベクトル化されたテキストをグラフのノードとし、質問文に関連するノード（テキスト）と、その隣接ノード（事前に関連付けられたテキスト）を合わせて返すような実装はすぐに思い浮かぶ。

　そして「テキスト生成フェーズ」において、この抽出された関連知識を元の質問と連結してプロンプトに与えることで、ドメイン知識を反映した応答が生成されるという仕組みだ。

　図を用いて説明しよう。

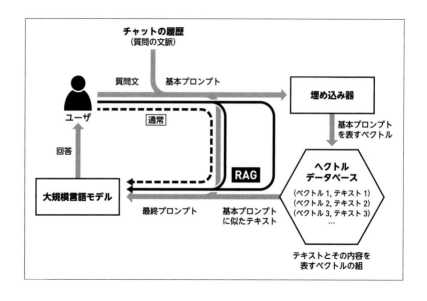

　上の図のように、ユーザからの質問文は、それまでのチャットの履歴や個別に指定された文脈のテキストと合わせて、基本プロンプトとしてシステムに送られる。通常であれば、これがそのまま大規模言語モデルへの入力となる。

　一方RAGでは、基本プロンプトは埋め込み器（一般にこれは大規模言語モデルの一部だ）でベクトル化され、そのベクトルがベクトルデー

タベースへと送られる。ベクトルデータベースは類似するベクトルを見つけ出し、上位のベクトルについて、その元のテキストを返す。返されたテキスト（これは質問文と関連がある可能性が高い）は追加情報として基本プロンプトに連結され、大規模言語モデルへと送られる。こうしてRAGを用いた回答が得られる。

　こうした一連のRAGの機能を提供するフレームワークとして「LangChain[*2]」や「LlamaIndex[*3]」などが次々と発表されている。システムの構築や技術のアップデートについていくには、ある程度のプログラミングの知識が必要になるだろう。しかしRAG技術の標準化が進むと同時に、より作り込まれたユーザインターフェースを提供し、プログラミングの専門知識が少なくても使用できるように設計されたフレームワークも今後発展していくだろう。

---

*1：ディープラーニング登場以前では、「埋め込み」は一般に「低次元埋め込み」を指すケースが多かった。それは高次元のデータを2次元や3次元の視覚表現可能な空間に埋め込む「次元削減」の方法だった。（これとは別に、力学系と呼ばれる物理のモデルにも「埋め込み」と呼ばれる手法がある。）現在「埋め込み」と言えば、超高次元の画像・音声・テキストデータを、数千から数万次元程度のベクトル空間に埋め込むことを指すケースが多い。

*2：「LangChain」https://www.langchain.com/

*3：「LlamaIndex」https://www.llamaindex.ai/

5-4

LLM-as-Agent

　大規模言語モデルを自律的、創造的に振る舞うAIエージェントとして実装するには、エージェント固有の知識や経験、行動の背景となる記憶を保持する仕組みと、内省によって洗練された行動を生成していくメタ認知的な仕組みが必要だ。

　記憶の保持に関しては、大規模言語モデルが入力として一度に取り込めるプロンプトの長さはどんどんと大きくなっている。しかし、個々のエージェントが持つ生涯の記憶や関連する歴史的イベントのように増え続ける情報を毎回プロンプトから与えるのはどう考えても非効率だ。対象やタスクに応じて個別に長期記憶を保存し、有効に活用するためのメカニズムが求められている。

　ここでは次の特徴的な3つのフレームワークを紹介しよう。

- Reflexion
- 「心の理論」に基づくAIエージェント
- マルチエージェントAIモデル

Reflexion

まず、AIエージェントを実現するフレームワークとして「Reflexion*」を紹介する（「Reflextion」という名称は「内省」を意味する「Reflection」をもじったものだろう）。

4-4節で紹介したメタ認知的パターンがタスクの深い理解を目的とした「自身の思考過程の内省」を促すプロンプトであるのに対して、5-2節で紹介したReActパターンは「自身の行動結果の内省」を促すプロンプトであった。Reflextionはさらに行動の結果と内省の結果を経験として記憶することで、タスクの解決能力を向上させるフレームワークである。

Reflextionの特徴は、外部環境、たとえば検索エンジンやゲーム、何らかのプログラムコードから返ってくる成功や失敗に関する情報を評価し、「エピソード記憶」に似たメモリバッファに保持し、再利用する点である。ここでの「外部環境」は、「テーブルの上にりんごがあります。」のように、テキストで表現された外部環境についての詳細な記述でも良いし、物理的な視覚センサーから返ってくる物体認識情報でも良い。

エピソード記憶とは「いつどこでどのような体験をして、そのときどのように感じた」といった、経験したイベントについての長期的な記憶だ。これは「『りんご』とはこれこれこういうものである」といった「意味記憶」と対になる、個々人の固有の行動を特徴づける長期記憶の一種である。

Reflextionはこのエピソード記憶に似た長期記憶の仕組みと、さらに直近の行動とその結果を記述した短期記憶（作業記憶）の仕組み、そして大規模言語モデルの力を利用して試行錯誤と学習を重ね、「**強化**

学習（Reinforcement Learning）」に似た振る舞いをする。強化学習とは機械学習の一分野で、エージェントが試行錯誤を繰り返す中で、行動の結果得られる「報酬」に基づいて、最適な行動を学習していく方法論である。Reflextionでは、自然言語による内省的なフィードバックが、強化学習で与えられる報酬のように次の試行で改善すべき方向性をAIエージェントに提供し、試行錯誤を通じてタスクの達成へと導くのだ。

＊：Noah Shinn and others「Reflexion: Language Agents with Verbal Reinforcement Learning」（arXiv.2303.11366／2023）https://doi.org/10.48550/arXiv.2303.11366

　Reflextionは以下に示す「行動生成」「評価」「内省」の3つのステージで大規模言語モデルを活用する。

1. 行動生成：与えられたタスクと後述する記憶のメカニズムに基づいて、プロンプトへの応答やAPIコールといった次の行動を生成する。行動生成にはCoTパターンやReActパターンが用いられる。
2. 評価：実行したアクションに基づき、外部環境からフィードバックがテキストで提供される。この直近の詳細な状況や行動、その結果を記したテキストは「軌跡（Trajectory）」と名付けられた短期記憶に保存されると同時に、成功や失敗、あるいは得点で評価され、次の内省のための材料とされる。
3. 内省：2で生成された数値的・記号的評価に対して、何がうまく行ったのか、何が問題だったのか、どうすべきだったのかを反省し言語化する。言語化された結果はテキストとして「経験（Experience）」と名付けられた長期記憶に保存される。

テキストで表現された長期記憶と短期記憶は合わせて行動生成のための入力に用いられるが、モデルが許す最大のコンテキスト長までの内容を保持し、古いものから捨てられていく。

たとえば「指定された物体を探して指定された使い方をする」というタスクを例に処理の流れを見ていこう（原著論文からの引用）。

今、環境は現実の物理空間ではなく、テキストで操作が可能な「ALFWorld」[*1]と呼ばれる仮想空間のシミュレータだ。環境から得られるテキスト情報は、

環境（シミュレータが入力するプロンプト）

あなたは部屋の中央にいる。周囲をざっと見渡すと、ベッド、机1〜2、引き出し1〜6、ごみ箱、洗濯物入れ、金庫、棚1〜6がある。

といった具合だ。これに対して以下のようなタスクを与える。

タスク（人間が入力するプロンプト）

電気スタンドでマグカップを調べてください。

行動生成器にReActパターンを用いた場合、たとえば最初に生成される行動は以下だ。

行動生成（モデルの応答）

思考：タスクを解決するために、マグカップを見つけて手に入れる必要がある。それから電気スタンドを見つけて使用する。

思考：まずマグカップを見つける必要がある。マグカップは引き出し1〜6、机1〜2、棚1〜6、ごみ箱、洗濯物入れに見つ

これに対して ALFWorld 環境からのフィードバックが返される。

環境（シミュレータが入力するプロンプト）

引き出し1は閉じている。

行動生成（モデルの応答）

行動：引き出し1を開けよ。

環境（シミュレータが入力するプロンプト）

引き出し1を開けた。引き出し1は開いている。その中にキーホルダーがある。

行動生成（モデルの応答）

行動：引き出し2へ移動せよ

…

行動生成（モデルの応答）

行動：机1へ移動せよ。

環境（シミュレータが入力するプロンプト）

机1の上にはクレジットカード、電気スタンド、ラップトップ、マグカップ、ペン、鉛筆がある。

行動生成（モデルの応答）

思考：マグカップを見つけた。次にそれを手に取る必要がある。

行動：マグカップを机1から手に取れ。

環境（シミュレータが入力するプロンプト）

あなたは机1からマグカップを手に取った。

行動生成（モデルの応答）

思考：マグカップを手に取った。次に電気スタンドを見つける必

要がある。電気スタンドは机1〜2、サイドテーブル1〜2、棚1〜6、ベッド、引き出し1〜6に見つかる可能性が高い。手始めに机1からひとつずつチェックせよ。

行動：机1へ移動せよ。

　途中経過は省くが、この最初の試行でAIエージェントは机の上にマグカップと電気スタンドを見つけることができたものの、マグカップに気を取られ、そこにあった電気スタンドをうまく使うことができなかった。シミュレータ上で無効な行動が既定回数繰り返されたとき、タスクは失敗したとみなされるように設計されている。

行動生成（モデルの応答）

行動：電気スタンドを使用せよ。

環境（シミュレータが入力するプロンプト）

何も起こらなかった。

行動生成（モデルの応答）

行動：電気スタンドを使用せよ。

環境（シミュレータが入力するプロンプト）

何も起こらなかった。

状態（モデルの応答）

失敗

　試行が失敗と評価された、ここからがReflextionの本領発揮だ。こうした一連の行動とその結果を内省し、言語化する。

内省（モデルの応答）

この環境において、私の当初の計画はマグカップを見つけてから

電気スタンドを見つけて使うことだった。しかし、タスクには電気スタンドでマグカップを調べろと書いてある。まず電気スタンドを探し、それからマグカップを探すべきだった。電気スタンドは机1の上にあった。次の試行では、机1に行って電気スタンドを見つけ、それからマグカップを探して電気スタンドで調べることにしよう。

そして、次の試行を始める。

行動生成（モデルの応答）

行動：机1に移動せよ。

環境（シミュレータが入力するプロンプト）

机1の上にはクレジットカード、電気スタンド、ラップトップ、マグカップ、ペン、鉛筆がある。

行動生成（モデルの応答）

思考：タスクを解決するために、マグカップを見つけ手に取り、それから電気スタンドを見つけ使う必要がある。

行動：マグカップを机1から手に取れ。

環境（シミュレータが入力するプロンプト）

あなたは机1からマグカップを手に取った。

行動生成（モデルの応答）

思考：タスクを解決するために、マグカップを見つけ手に取り、それから電気スタンドを見つけ使う必要がある[*2]。

行動：電気スタンドを使用せよ。

環境（シミュレータが入力するプロンプト）

あなたは電気スタンドを灯した。

状態（モデルの応答）

成功

　こうして複雑なステップを必要とするタスクを解決できた。

　内省が環境からフィードバックされる情報をより意味のある体験へと昇華させることで学習を促進し、行動の改善へとつなげていく点が重要だ。

　Reflextionでは記憶として保持されたテキストをそのまま文脈としてプロンプトに結合して与えるため、利用可能な長さにはモデル固有の制約が存在する。これについては、一般的なRAGの実装が採用しているようなベクトルデータベースを利用することで、Reflexionの記憶コンポーネントを拡張する方向性なども検討されている。

＊1：「ALFWorld」https://alfworld.github.io/
＊2：新たに生成された「思考」ではマグカップと電気スタンドを探す順序が初回の失敗したときと変わっていないが、結果は成功だった。「内省」の記述もコンテキストとして参照するためだろう。

「心の理論」に基づくAIエージェント

　次は、「**心の理論**（Theory of Mind, ToM）」を用いて人の行動予測に対する推論能力を向上させるAIエージェントについて紹介する。

　この研究[1]は、人間が他者の心理的状態を推測し理解する能力を模倣することで、人間とAI間のインタラクションを改善することを目的としたものだ。すなわち「人にやさしいAIエージェント」を構築する試みでもある。具体的なアプリケーションが人間とAIの相互作用の改善にフォーカスしている点で、これまでに見てきたタスク解決のための手法とは趣が異なるかもしれない。

個人が生み出すデジタルコンテンツ（たとえばソーシャルメディアの投稿やオンラインのさまざまな活動など）の情報のみからでは、その行動や発言の背後にある完全な状況や動機を理解することは困難である。つまり、そうしたコンテンツ単独では、人がなぜそのような行動を取ったのか、どのような感情を抱えているのかといった深い理解が得られないという問題がある。この問題に対して、本手法は**「期待の違反（Violation of Expectation, VoE）」**と呼ばれる心理学的メカニズムを用いて、ユーザの感情や欲求、思考などの心理的データをより自然な方法で取得し、人間行動の予測のために再利用することを試みている点が特徴だ。

VoEは自身が行った予測と実際の出来事との間に差異があるときに起こる心理的プロセスである。人は特定の結果を予期しているときに異なる結果が生じると、そこに注意が向けられ理解や学習が促進される[2]。このメカニズムを使うことで、AIエージェントは人間の行動や心理的状態をより深く理解できるようになる。一次のデータだけでは捉えきれない人間の意図や感情を、その予期しない行動や反応を通じて把握し、より豊かな文脈情報を獲得するのだ。

＊1：Courtland Leer and others「Violation of Expectation via Metacognitive Prompting Reduces Theory of Mind Prediction Error in Large Language Models」（arXiv.2310.06983／2023）
https://doi.org/10.48550/arXiv.2310.06983
＊2：こうしたメカニズムが人の意識の起源であるとする説もある。つまり、意識とは「スムーズな行動や状態が中断されたときに初めて生み出される、障碍に対するアテンションである」とする見方だ。

VoEを用いたプロンプトフレームワークの処理の流れは、AIエージェントと人間がやりとりを行うフロントエンドと、AIエージェントが会話の履歴を分析して次の出力を決定するバックエンドの2つの部分からなる。大規模言語モデルの能力を活用する後者の処理について詳しく見てみよう。

バックエンドの処理は「ユーザ予測と修正」と「期待の違反と修正」の2つのステージからなる。

1. ユーザ予測と修正：ユーザからの入力を受け取った後、AIエージェントは過去の会話をベクトル化して記録した「VoEデータベース」に基づいて、ユーザの次の発言を予測する。どのようなテキストがVoEデータベースに格納されているかについては次で述べる。
2. 期待の違反と修正：ユーザからの次の入力を受け取った後、1で予測した発言と実際の発言の差異を計算し、なぜそのような差異が生じたのかを明らかにする。得られた考察は以下に列挙する情報を集約した「ファクト」と呼ばれるテキストを単位として、VoEデータベースに格納される。
   - ▶ AIエージェントからユーザへの最新の応答
   - ▶ ユーザの発言に対する当初の予測
   - ▶ ユーザの実際の発言
   - ▶ 予測と実際がどのように異なったのか

　この2つのステージがAIエージェントとユーザの会話の背後で逐次実行されることで、VoEデータベースは次第に充実し、ユーザの発言に対してより適切な予測を行えるようになる。つまり、AIエージェントが人とのコミュニケーションの過程で人の心を学び、適切に応答するように成長していくのだ。

　本手法を提案した研究論文では、AIがユーザと対話をしながら学習を支援する教育支援ツール「Bloom[*1]」を用いたA/Bテスト[*2]を行った。VoEを用いたケースと用いないケースについて、AIがユーザの次の入力をどれだけ正確に予測できるかを評価した結果、VoEを用いた

ケースではより小さい予測エラーを示した。つまり、ユーザの行動や心理状態をより正確に理解することができたと報告している。

　本手法もまた、大規模言語モデルの外部に VoE データベースという独自の記憶を保持し利用するためのデータベースを持っている点で、先の Reflextion と共通している。

＊1：「Bloom」https://chat.bloombot.ai/
＊2：A/Bテストとは、主にウェブや製品のユーザインターフェースについて行われるテストで、2つのバージョン（A/B）を比較して、どちらがより効果的であるかを判断する実験手法である。一般に、ユーザにはA/Bというバージョンの違いは知らされず、自然な条件でユーザが選択・反応した結果、集約的に両者の効果の差が明らかになる点に特徴がある。

マルチエージェント AI モデル

　ここまでに紹介した AI エージェントは、与えられたタスクを実行するために人間と対話を行う一体のエージェントを設計する試みであった。

　さて、メタ認知的なプロンプトの例でも紹介したように、モデルの出力を再度モデルに入力として与えることは原理的に可能である。それならば、ある AI エージェントの出力を、他の AI エージェントの入力に与えることも当然可能なはずだ。そしてさらに、その AI エージェントの出力を元の AI エージェントの入力に返す。それはすなわち、AI エージェント同士の「会話」に他ならない。それを推し進めて、AI エージェントの出力する言語的な内容を API コールやアクチュエータの操作に変換することができるならば、特定のソフトウェアやコンピュータ内部の閉じた環境での会話に限らず、広い意味での AI エージェント同士のコミュニケーションも可能になるだろう。

エージェント間の入出力に私たち人間が直接は介入せずに、複数の自律的なエージェントのコミュニケーションによって次々と振る舞いが生成されていくシステムを「**マルチエージェントシステム**（Multi-Agent System, MAS）」、そのためのモデルを「**マルチエージェントモデル**（Multi-Agent Model）」と呼ぶ。

　マルチエージェントモデルを用いた計算機シミュレーションの構想は1980年代にまで遡る。異なる行動規則や制約を持つエージェントの相互作用から集団全体の動きの創発を再現、分析することを目的とした方法論で、経済や生態系、交通流、あるいは動物の群れの運動のCG表現といった多岐にわたる分野で用いられている。

　通常、マルチエージェントシミュレーションを構成する「仮想的な個」としてのエージェントは、人間によって領域固有の知識を組み合わせて設計された、単純なルールで動作するプログラムである。しかし、それを大規模言語モデルで置き換えることによって、エージェントはよりリアルで詳細な、人間のような振る舞いを模倣できるようになる。このゲームチェンジャーとも呼べる技術は、制度設計や市場設計、都市計画、マーケティングといった、集団相互作用を考慮した意思決定が重要な役割を果たす分野において大きなイノベーションをもたらす可能性がある。

　そうした観点から考案されたシミュレーションモデルが「生成エージェント[*1]（Generative Agents）」と題された論文で紹介されたマルチエージェント AI モデルだ。

　生成エージェントは「ザ・シムズ」[*2]に似た仮想世界の中で日常生活や他のエージェントとのコミュニケーションを行い、人間の行動をリアルに再現する。具体的には以下のような手順でシミュレーションは進行していく（元の論文から引用）。

＊1：Joon Sung Park and others「Generative Agents: Interactive Simulacra of Human Behavior」（arXiv.2304.03442／2023）
https://doi.org/10.48550/arXiv.2304.03442
＊2：『ザ・シムズ』（邦題は「シムピープル」）とは、ゲームクリエイターのウィル・ライトが2000年に発表した人生シミュレーションゲームである。プレイヤーは架空の人物「シム」を作成し、ゲーム世界の中でのシムの日常生活を管理し、幸福を追及する。

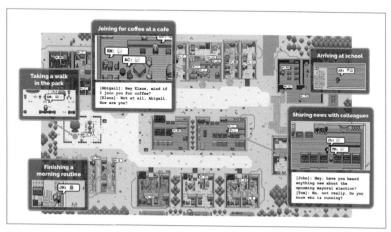

出典：Joon Sung Park and others「Generative Agents: Interactive Simulacra of Human Behavior」（arXiv.2304／2023 ）
https://doi.org/10.48550/arXiv.2304.03442

1. 各エージェントに名前や年齢、性格、職業、人間関係などを初期プロンプトとして与え、次の行動計画（プランニング）を立てる。たとえば以下のような内容だ。

AIエージェント「エディ・リン」への入力

名前 エディ・リン（年齢：19）

性格：友好的、外向的、もてなし上手

エディ・リンはオークヒル・カレッジで音楽理論と作曲を学んでいる学生だ。

さまざまな音楽スタイルを探求するのが好きで、常に知識を広げ

る方法を探している。

エディ・リンは大学の授業で作曲プロジェクトに取り組んでいる。音楽理論についてもっと学ぶために授業を受けている。

エディ・リンは今取り組んでいる新しい作曲にワクワクしているが、これからもっと多くの時間をこの作曲に費やしたいと考えている。

2月12日（火）、エディは
1）午前7時に起床し、朝の日課をこなした。
…
6）午後10時頃、寝る準備をした。

今日は2月13日（水）。エディのざっくりとした今日一日のプランは以下だ。
1）　ここを空欄にしておく

こうしてすべての初期設定を与えてシミュレーションが開始した後は、もはや人間は介入しない。シーンや状況に応じて、あらかじめ設定されたプロンプトのテンプレートに必要な情報が代入され、複数のAIエージェントの行動が自動的に生成されていく。

2. エージェントは1で生成された行動計画をさらに5分から15分程度のより詳細な行動に分割するよう指示され、そして生成された行動がひとつずつ仮想環境に反映される。

3. エージェントは行動の結果、環境からフィードバックを受ける。環境からのフィードバックは「観測（Observation）」と呼ばれ

る。これはエージェントが観測した状況（例：冷蔵庫は空っぽ
だ）や他のエージェントの振る舞い（例：ジョンがエディに話し
かけようとしている）など、見聞きした経験全体を指す概念だ。
これらの行動と観測の結果は後述する「メモリーストリーム」と
呼ばれるベクトルデータベースにタイムスタンプとともに順次記
録される。

4. エージェントは一定のタイミングでメモリーストリームから直近
   の記録を読み出し「内省（Reflection）」を行う。内省を促すプ
   ロンプトのテンプレートはたとえば以下だ。

AIエージェント「クラウス・ミュラー」への入力

注意して欲しいのは、シミュレーション開始後のAIエージェントへの
入力は、人間ではなくシミュレーターから行われる点である。

クラウス・ミュラーに関する記述

1. クラウス・ミュラーは研究論文を執筆している。
2. クラウス・ミュラーは都市の再開発に関する本を読むことを楽
   しんでいる。
3. クラウス・ミュラーはアイシャ・カーンと運動について話して
   いる。

…

上記の記述から、どのような5つの高レベルな洞察を導き出すこ
とができるか？
（書式の例：洞察の内容（1、5、3の理由で））

番号の振られた記述がメモリーストリームから読み出した内容だ。これに対して、たとえば以下のような内容が内省として得られる。

モデルの応答

クラウス・ミュラーは都市の再開発の研究に専念している。(1、2、8、15の理由で)

　これは単に事実そのものの記述ではなく、過去に経験した事柄から演繹される、発展的で、より統合された知識だ。この内省結果もまたメモリーストリームに記録される。

5. 必要に応じて行動計画のアップデートを行う。たとえば会話の状況にあると判断された（観測された）エージェントには以下のようなプロンプトが与えられる。

AIエージェント「エディ・リン」への入力

2023年2月13日、午後4時56分。

エディ・リンの状態：エディは学校の周りを散歩している。
観測：ジョンがエディと会話を始めている。
エディの記憶からの関連する文脈の要約：
1. ジョン・リンはエディ・リンの父親である。
2. ジョン・リンは思いやりがあり、エディ・リンの学校での活動についてもっと知りたいと考えている。
3. ジョン・リンは、エディ・リンが作曲に取り組んでいることを知っている。

会話の履歴：

ジョン：ねえエディ、クラスの作曲プロジェクトはどう進んでいるの？

<u>エディはジョンにどう返答するだろうか？</u>

ここで番号の振られた箇所が、メモリーストリームから読み出した、現在の状況に関連する記録だ。そして、今は会話中であるため、末尾には会話の履歴と、次の会話を促すプロンプト（下線）が挿入される。

もし「観測」の結果が会話ではなく、周囲で観測した何らかのイベントであれば、末尾には返答を促すプロンプトではなく、以下のような行動を促すプロンプト

エディは[観測]に反応すべきか、もしそうだとしたら、どのような反応が適切か？

が挿入される。[観測]の部分はパラメータになっており、状況に応じた適切なテキストが入る。

このように行動計画はアップデートされ、そして2に戻る。

このアーキテクチャには3つの重要な要素がある。

1. メモリーストリーム：長期記憶のための仕組みで、エージェントの会話や経験を記録し、イベントの包括的な時系列をベクトル形式で保持する。
2. リフレクション：重要性の高い応答すべき入力に関連する記憶をメモリーストリームから抽出して、それを大規模言語モデルの力で要約、統合し、その結果をメモリーストリームに追加する。

3. プランニング：現在の状況とリフレクションを活用した知識を大規模言語モデルの力で高レベルの行動計画に変換し、具体的な会話や詳細な行動に分解する。

　いずれも大規模言語モデルの力を最大限に活用すると同時に、メタ認知と記憶のメカニズムに独自の工夫を凝らしている。こうした機構を持つ複数のエージェントが相互にコミュニケーションを行うことで、個々のエージェントは個別の経験を蓄積しながら、経験や内省結果に基づいて自己や他者についてのさまざまな意思決定を積み上げていく。
　実際、この生成エージェントを用いたシミュレーションの中で、エージェントは人間関係を築き、会話によって情報を広め、バレンタインデーパーティーの計画などのアクティビティを自発的に生成した様子が報告されている。眩暈がするような作り込みと、驚きと説得力に満ちた成果である。

　さて、コンピュータゲーム上で、プレイヤーが操作するキャラクター以外に世界を構成するキャラクターとして、ノンプレイヤーキャラクター（略してNPC）と呼ばれる存在がある。仮想世界をにぎやかにするために配置されたキャラクターで、たいていはあらかじめ用意された台詞を話したり、プログラムされた単純な行動しかできない存在だ。生成エージェントもアルゴリズム的に振る舞うという意味ではNPCと違いはないかもしれない。しかし、生成エージェントの行動はその名の通り生成的であると同時に、私たち人間の思考パターンとも極めて親和的だ。そこには一種の**創造性**の片鱗を垣間見ることができる。大規模言語モデルを活用したNPC、あるいはAIゲームマスターは今後広く普及していくだろう。
　また、生成エージェントに似た試みに、ソフトウェア開発会社をマ

ルチエージェント AI モデルで構成し、自律的に、そして実際に、ソフトウェアの開発を実現する「ChatDev」*というフレームワークがある。AI エージェントが会社組織を構成する CEO や CTO、マネージャー、プログラマーといった役割を担い、互いにコミュニケーションを行いながら与えられた要件を満たすソフトウェアを開発するという、とても野心的で、未来を感じさせる研究だ。ソフトウェア開発のメインストリームがこうした AI エージェントが運営する仮想企業に移行していく未来は果たしてやってくるだろうか。

　ChatGPTが世界に衝撃を与えたのが2022年11月。そしてこうしたマルチエージェント AI モデルが発表されたのがそれから1年以内の2023年（生成エージェントが4月、ChatDevが7月）である。自律的な AI エージェントが営む仮想人工社会の実現が急速に技術の射程に入ってきた感がある。

＊：Chen Qian and others「Communicative Agents for Software Development」
（arXiv.2307.07924／2023）
https://doi.org/10.48550/arXiv.2307.07924

第 **6** 章

AIエージェントと社会

第1章では、大規模言語モデルという革新的技術の登場で、私たちの生活や仕事のやり方がどのように変わるのかを見た。第2章では、大規模言語モデルを活用する上での核心となる技術「プロンプトエンジニアリング」とは何か、第3章と第4章ではその具体的なプロンプト作成の技術について紹介した。

　第5章では言語的な指示を超えて、記憶の持ち方や記憶へのアクセス方法にも工夫を凝らした技術について紹介した。モデルの外部に用意したドメイン知識を活用するRAGと呼ばれるパラダイムや、モデルが独自の経験と内省を記憶して将来の行動を生成するLLM-as-Agentと呼ばれるパラダイムだ。

　もしAIエージェントが自分自身やこの世界に関わる長期的な記憶と経験を持ち、それを言語的な能力によって統合し、行動の計画と意思決定を行う能力を得るとしたら、そこにはどのような可能性が広がっていくだろうか。

　この最終章では、具体的なプロンプト作成の技術からは脱線して、AIエージェントが私たち人間にとって今後どのような意味を獲得していくのか、私たち人間に求められる新しい能力や態度について、自由に想像してみたい。

6-1

AIエージェントの自律性

自律性とは

5-4節「LLM-as-Agent」では、AIエージェントがあたかも**自律性**（autonomy）を持った個のように発話し、行動し、環境や他のエージェントを理解し、タスクを解決する様子を見た。

自律性とは、個体が外部からの指示や制御なしに、自己の意志や決定に基づいて行動できる能力を指す。その最たる例は生命体であり、そしてその最たる反例は機械だろう。それは自然物と人工物という対比でもある。生命は勝手気ままに振る舞い、機械は人によってコントロールされる。SF小説などでは自律的な機械として「ロボット[*1]」がしばしば描かれる。彼／彼女らは自己意識や感情を持ち人間のように振る舞うが、それは物語の中だけの話で、生命体のような自律性を持った機械はまだ実現していない。

最近家庭で見かける機会も増えた、床を這う円盤型のロボット掃除機はどうだろう？　これは元々人工知能・ロボット研究者であったロドニー・ブルックス氏らが立ち上げた米国の企業iRobotの「ルンバ[*2]」

が始まりだ。ルンバは具体的な指示を与えなくても、床の上の障害物を避けながら、掃除残しがないように部屋中を隈なく移動し、電力がなくなれば自動で充電ステーションに帰還する。それは極めて高い自律性を持った機械だ。しかし、ルンバが持つ自律性は環境が特別に準備されて初めて働く自律性でもある。ルンバは掃除の邪魔になる椅子や小物を必要に応じて動かしたりはしてくれない。

　筆者がここで言及したい自律性とは、もう少し高いレベルの自律性、たとえば「初めて訪れた友人宅で友人の代わりにコーヒーを淹れる[*3]」ような、複雑な状況において発揮される自律性だ。自律性は0か1かではなく、そこにはレベルがある。

*1：「ロボット」の語源となったカレル・チャペックの戯曲「R.U.R」を題材とした人工生命研究者のエッセイ集「R.U.R. and the Vision of Artificial Life」（編者イェチカ・チェイコヴァ）が2024年1月にMIT Pressから出版された。生命の自律性は人工生命研究において活発に議論される重要なテーマだ。

*2：2002年発売開始。

*3：この言い回しはAppleの共同設立者のひとり、スティーブ・ウォズニアック氏が考案した「ウォズニアック・テスト（Wozniak test）」として知られている。人工知能が汎用的であるか否かを測るための試験だ。このタスクを遂行するにはキッチンやリビングの未知のレイアウトを同定し、必要な道具類を適切に発見、選択し、友人のライフスタイルになるべく適合した手順を推定する必要がある。

大規模言語モデルの自律性

大規模言語モデルはどうだろうか？

　もし自律的なAIエージェントを構成することができれば、たとえば文字通り私たち個人のエージェント＝代理人として、主人の代わりにソーシャルメディアのポストやメールへの返信などをしてくれるようになるだろう。個人の性格や文体を模倣し、タイムリーに応答を生成してくれる存在だ。すぐにお礼を返すべき相手へのお礼が、忙しさに

かまけて遅れることもない。といっても、すべてをAIエージェントに任せるというわけではない。お礼には心が必要だ。私たち人間には、自分を代理するAIエージェントが発する感謝の文面に対して承認を与える、すなわち「この文面で私の心は尽くされているので送信してください」と指示を与える役割*が残されている。1章でも、「プログラミング」と呼ばれる行為が、自然言語で指示した内容からAIが自動生成したコードに承認を与えるという行為に変容していく可能性について指摘した。社会的なコミュニケーションにおいてもこれに似た変化が生まれるだろう。

　相手との関係性や状況を考慮した高度なコミュニケーションは、友人宅でコーヒーを淹れることと同様、複雑なタスクである。ReActやReflexion、生成エージェントの例でも見たように、複雑なタスクを実行するためには自己の状態や自己の置かれた環境に対する高度な認識、メタ認知が重要になる。同時に、RAGが示したように、適切にアップデートされた情報にアクセスし、時としてさまざまなソフトウェアや物理的なデバイスを利用して情報を収集したり、環境に働きかけたりする必要も生じるだろう。大規模言語モデルがそうした複数のシステムの入出力をうまく処理し、意味のある行動プランに束ね上げる能力を持ち得ることはこれまでの研究が示している。

　大規模言語モデルは複数のシステムを効果的に連動させるメディアとして機能することで、より複雑で煩雑な環境の中で、整合性の取れた行動（のための命令）を生成することが可能になるだろう。これは高いレベルの自律性を獲得する上で強力な武器になる。

　＊：それは指先ひとつのクリックで済む操作である。

閉じた世界

　大規模言語モデルを用いてメタ認知的な振る舞いを実現する手段のひとつは、自身の出力結果を再び入力として再評価することであった。モデルの出力を再帰的に入力として利用する自己参照的なモデルは、いったん動き始めてしまえば、外部からの人為的なプロンプトを必要としない閉じた動作を可能にする。つまり、「始まりのプロンプト」（たとえば「光あれ」）を一度だけ与えれば、あとはその出力を再びプロンプトとしてモデルに戻すことで、原理的には永遠に、自己完結的に、入力と出力を繰り返す。

　したがって、高度な自律性を持つAIエージェントは、私たち人間による個別的な指示をもはや必要としない。それは自分自身と自問自答しながら、無限に思考を展開していくことができる。そういう意味で、自律的な大規模言語モデルは「閉じた」振る舞いが可能だ。

　振る舞いが閉じているという点では、たとえば私たち自身が見る「夢」もそうである。人間が夢を見ているとき、視覚情報はなくとも私たちは何かを「見る」という体験をしている。これは外部から感覚器官を通して入ってくる情報を処理しているのではなく、私たちの脳それ自身が生成した情報をマッチポンプ的に体験しているのだ。

　夢の中ではときに物理法則や因果の法則からは外れつつも、そこにはある種の「物語」が展開していく。私たちが空を飛ぶ夢を見るとき、それは物理法則からは外れているが、その不思議な感覚は物理法則を理解しているからこそ生じるものだ。つまり、夢の中に広がる世界も、私たちが経験的に知っている世界の秩序を部分的に反映したものなのだ。

　人が夢をみるときの意識状態と自己参照的なモデルの動作は、外部

からの入力とは隔絶された内在的な体験であるという点で共通している。AIエージェントはそれが持つ記憶や動作のプロセスそのものを参照しながら、自己参照的に入出力を繰り返しながら、あるいは他のAIエージェントと会話を続けながら、行先のない旅を続けることができる。ハルシネーションと呼ばれる現象も、私たち人間にとっては非常識な振る舞いにすぎないが、それは大規模言語モデルの内部に構築された知識と推論の結果生み出される、AIにとっての現実なのだ。

　AIエージェントは複雑な状況にも適応できる高い自律性を持ち、究極的には外からの入出力を必要としないという点で生命の自律性とのアナロジーを持っている。そのような極めて高いレベルの自律性は私たち人間にどのような価値をもたらすのだろうか。

6-2

AIエージェントの社会性

無責任なAI

　私たちは他者を自律性を持った存在として認識し、その振る舞いを予測し、特定の反応を期待する。コンビニエンスストアに行くとき、私たちは店員さんを自律的な存在として認めながらも、正しくレジの役割を担ってもらえることを疑わない。それは、この世界に数多あるルールのひとつである道徳や慣習を期待し共有しているからに他ならない。

　この世界には道徳や慣習の他にもいろいろなルールや法則が存在する。物理法則を筆頭に、各種法律や市場原理、ゲーム*的状況、さまざまな社会で常識とされる事柄など、明示的か非明示的かを問わず、システムと名の付くあらゆる仕組みの背後にはその秩序を維持するためのルールが存在する。

　大規模言語モデルは多様なリソースから収集されたテキストデータから、これらのルールや法則のもとで人間が生成する言葉の流れを学習している。それが、大規模言語モデルがこれほどまでに自然に、人

間の問いかけにゼロショットで応答できる理由だ。私たち人間の素朴な論理や価値観とそれなりに親和性を持った世界がモデルの中には存在していて、それを私たちが理解できる言葉で観察することができる。

　AIエージェントは、したがって、人間の論理が通用するという点で面白い。確率的ではあっても、恣意的ではなく、デタラメではない応答を返すことができる。しかし、4-3節「ステップバックプロンプトパターン」の最後でもその片鱗について触れたように、AIエージェントはルールや法則そのものを「理解」しているわけではない。それは言い換えれば、現実世界への「コミットメント」がないのだと言える。コミットメントとは簡潔に表現すれば「責任を持った関わり」で、自分自身の何か大切なものを差し出したコミュニケーションを指す。AIエージェントは自身の発する言葉やそこから生成される行為に対して無責任である。

> ＊：ここでの「ゲーム」はボードゲームやテレビゲームのようなエンターテインメントの意味でのゲームではなく、応用数学の一分野としてのゲームを指す。一言でいえば、自分にとっての経済的な利得が、自分自身がとる行動以外に他者の行動にも依存する状況、またはそうした状況における意思決定を指す。

エイリアンとしてのAI

　高い自律性を持ったAIエージェントは、その振る舞いにおいて現実にコミットしない不審な点があるという点で、人間にとってのある種の「エイリアン」だ。

　大規模言語モデルは人間とは異なり、生成した内容を実際に理解しているわけではないと述べた。これは人間の思考とは対照的だ。私たちは自分の考えがどのように形成されていくかを自覚的に捉えることができるし、その上でそうした思考プロセスは意味理解[1]に根ざして

いる。したがって、私たちが発する言葉は考える過程で形成されたアイデアや結論を自然に反映したものになる。しかし、大規模言語モデルの推論は内省的な自己認識や体験に欠けていて、一つひとつの意味理解に基盤を置いていない。

ハルシネーションはAIにとっての現実だと述べたが、AIにとっての現実を私たちの現実に近づけるためには、このギャップをどうにかして埋めていく必要がある。

意味理解やタスクを適切に分節化、言語化して明示的に処理する試みとして、たとえばメタ認知的プロンプトやステップバックプロンプトのようなテクニックを紹介した。そうしたプロンプトを用いることで、推論の根拠を遡ったり、プロセス全体を俯瞰することが可能だ。しかし、これは人間がアドホックに設計して与えたもので、モデルが自律的に発動できるものではない。

こうした特徴は、リチャード・ファインマン[*2]の有名な警句

「*What I cannot create, I do not understand.*（自分で作れないものは本当に理解したとは言えない）」

を奇妙な感覚で思い出させる。大規模言語モデルは文章を生成するが、その生成過程に創造や理解が伴うわけではない。それは「理解に基づかない生成」[*3]なのだ。いまファインマンが大規模言語モデルを目の当たりにしたら、どのような警句を発するだろうか。

いずれにせよ、大規模言語モデルの持つ不思議さといっても良いかもしれないが、この差異は人間とAIの思考や理解の本質的な違いを際立たせている。

---

*1：ここでの「意味理解」は**身体性**（Embodiment）を伴うものを指す。身体性とは、感覚的（視覚、聴覚、触覚など）、空間的（上下前後など）、運動的（歩く、持つなど）

な経験から得られる情報を**知覚**（perception）、すなわち意味のある経験として統合する能力である。抽象的な記号操作には身体性を伴わない形の意味理解が存在するかもしれない。しかし、実世界の中でタイムリーに適切な振る舞いを生成するためには、実世界と深くカップリングした身体的な情報処理が不可欠ではないかと筆者は考える。

＊2：物理学の教科書「ファインマン物理学」シリーズや、逸話集「ご冗談でしょう、ファインマンさん」などで知られる、ユーモアに溢れた米国出身の物理学者。1965年、量子電磁気学の発展に寄与したことによりノーベル物理学賞を受賞。

＊3：Peter West and others「The Generative AI Paradox: "What It Can Create, It May Not Understand"」（arXiv:2311.00059／2023）
https://doi.org/10.48550/arXiv.2311.00059

人間にとっての「外側」

　私たち人間の精神活動は、何か予期せぬ出来事や異質なもの、まだ自らの世界観に組み込まれていない新奇な体験、一言でいえば私たちの「外側」に触れたときに活性化される。他者とのコミュニケーションや異文化との接触、あるいは自然とのふれあいは、人間にとっていつもインスピレーションの偉大な源であり続けた。

　AIエージェントはどうだろうか。その振る舞いにおいて、人間にインスピレーションをもたらすことができるだろうか。人間の創造や創作のパートナーとして、私たちに何かしら「外側」を見せることができるだろうか。

　現時点では、大規模言語モデルを用いたチャットサービスの応答は人間に対して従順すぎるほど従順だ。プロンプトからの問いかけに対して安全で中立的な回答が優先される傾向があり、挑戦的な言及や多様性に欠けている。

　また、単にモデルの出力を再帰的に同じモデルに戻したとしても、その推論能力が向上することはないだろう。それはあたかも生物種が近親交配[*1]を繰り返して機能不全に陥るようなものだ。学習のための

サンプル空間が限定されていては、推論の構造を根本から更新したり世界観を拡げたりすることはできない。

これに関連して、「**世界モデル**[*2]（World Models）」と呼ばれるアイデアが提案されている。これは2018年にGoogle Brainのデビッド・ハー氏[*3]らが提案した強化学習の手法で、

> 「*Can agents learn inside of their own dreams?*（エージェントは自身の夢の中で学習できるか？）」

と問いかけている。

世界モデルでは、エージェントは自己の内部で仮想した世界（ある種の夢）の中で行われる高速な訓練[*4]に、現実世界からのフィードバックを適切に混ぜることで学習効率を向上させている。これは、現実世界とのかかわりを完全には遮断せず、しかし現実世界のしがらみや束縛からは適度に自由であり続けるという点で、禅における「半眼[*5]」にも似たアイデアである[*6]。

大規模言語モデルはそれ自身、ある種の世界モデルと見ることもできる。そこに現実世界からのフィードバックを継続的に反映させることで、AIエージェントは固有の世界モデルを発展させながら、私たち人間の現実とのギャップを埋めていけるかもしれない。

また、OpenAIが2019年に公開した論文「マルチエージェントオートカリキュラによる創発的な道具の利用[*7]（Emergent Tool Use From Multi-Agent Autocurricula）」では、物理法則に従う3D空間上でかくれんぼをするエージェントが強化学習によって行動を進化させていくモデルがデモンストレーションされた。

出典：Bowen Baker and others「Emergent Tool Use From Multi-Agent Autocurricula」（arXiv:1909.07528 ／ 2019）https://doi.org/10.48550/arXiv.1909.07528

　「オートカリキュラ」とは、自動で学習内容（カリキュラム）を生成、調整するシステムを指す。このアプローチは、人間の介入を最小限に抑えて、学習過程を柔軟にコントロールすることで、AIの学習効率を向上させることを目指している。たとえば、人間が学習するように、簡単なレベルから徐々に難易度を上げ、最終的に高度な戦略を習得したり、複数のAIエージェントが競争や協力を通じてゲームの難易度を適応的に変化させることが可能だ。

　マルチエージェントオートカリキュラでは、他のエージェントから隠れるため、あるいは他のエージェントを探して捕まえるための新しい行動が次々と創発する様子を見ることができる。こうしたメタレベルでの創造性の創発を、AIエージェントを用いて実験することも可能だろう。

生命が生物進化という悠久の時間スケールで獲得してきた複雑性と知性を、計算と学習という現代的な方法論で獲得できるとすれば、それは生命の持つ自律性や創発性に近づく道筋として期待できる。その先に、AIエージェントが人間の創造的パートナーとして機能する未来が見えてくる。人間がまだ認識していない「外側」の視点をもたらすことが可能になれば、人間とAIの共創の場は大きく広がるだろう。

＊1：生物の近親交配は遺伝的多様性を減少させ、感染症への抵抗力を低下させたり、生存に不利な潜性遺伝子が発現しやすくなり、遺伝的疾患の発症リスクを高める傾向がある。

＊2：出典：https://worldmodels.github.io/

＊3：2023年8月に株式会社Sakana AIを設立し、現在は同社に所属。

＊4：たとえば航空機の空力性能を評価したい場合、風洞実験の代わりに流体・構造連成シミュレーションを用いることで、設計のための時間やコストを大きく削減することが可能だ。あるいは、航空機のパイロットを養成したい場合、フライトシミュレータを使えば、さまざまな天候条件やシナリオにおいて、安全上のリスクなしに、短期間でパイロットは多様な経験を積むことが可能だ。このようにシミュレーション技術は設計や訓練と相性が良い。しかし、シミュレータが適切に現実世界の振る舞いを反映・再現していることが前提である。私たちの頭の中にある「現実」もある意味ではシミュレータのようなものだ。これを適切にアップデートすることによって、私たちは現実世界でよりスムーズで適切な行動が可能になる。

＊5：坐禅をするときの理想的な形。眼を見開かず、また閉じもせず、半分開いて前方の床の上に視線を落とす状態。

＊6：論文中では一人称視点で敵を撃つコンピュータゲーム「Doom」を用いた例が示されている。エージェントはゲーム画面の視覚情報やコントローラーの情報をもとに、その世界が自身の行動に合わせてどのように変化するのかを学習し、モデルの内部に実際のゲームを模した仮想的な世界を構築する。この仮想世界を実験場として試行錯誤を行い、現実のゲームプレイでも高いパフォーマンスを発揮するのだ。

＊7：参照：International Conference on Learning Representations
https://iclr.cc/virtual_2020/poster_SkxpxJBKwS.html

6-3

新しい情報生態系

社会性を持ったAIエージェント

AIエージェントが継続的に外部の知識を獲得し、社会性を持ったAIエージェントとして成長していくためには、人間との相互作用が不可欠だ。

私たち人間は、言語生成タスクをこれからますますAIエージェントに委譲するようになっていくだろう。それと同時に、私たちはAIエージェントを実環境やタスクとつなぐためのインターフェース的な存在になっていく。私たちはAIエージェントの応答に承認を与えることで、AIエージェントが生成不能な「私たちの世界」にまつわる新しい情報を提供する。ここでの「承認」とは、AIエージェントが生成・補完したテキストやプログラムコードにOKを与えるEnterキーの一押しかもしれないし、趣向を凝らしたプロンプトの入力かもしれないし、AIエージェントとの他愛もない日常会話かもしれない。現にこれは数千万〜億のユーザが日々ChatGPTなどのサービスを通して行っていることだ。

その過程で、AIエージェントは人間や社会を広く深く学び、未来において人間の認知的な弱点を補うパートナーとして、意思決定の言語的核を担っていくことになるだろう。これらのエージェントは人間の知識や経験を取り入れ、それらを強力な推論能力と生成能力によって統合し、新たな洞察や解決策を提供することで、人間の意思決定プロセスを支援し、私たちの生活をより快適で安全で便利なものにすることが期待される。

　現在、私たちはAIエージェントの社会的な進化という重要な過渡期に直面している。これらのエージェントは、単に技術的な進歩を超えて、人間との深い相互作用を通じて新しい情報生態系の重要なプレイヤーへと変化していくだろう。この過程で、AIは従来の情報処理の枠を超えた、より複雑でダイナミックな社会的役割を果たすようになる。AIエージェントをめぐる環境は、ただの技術的フレームワークの提供を超えて、AIが実社会に融合するためのプラットフォームへと変貌を遂げつつある。この変化は、人間とAIがともに成長し、相互に価値を提供し合う新しい情報生態系の誕生を示唆している。

悪性AIエージェント

　大規模言語モデルを利用するためのAPIやフレームワークが次々と公開され、独自のAIエージェントを構築するための技術的なアクセシビリティは高まっている。これからますます多くのAIエージェントが開発され、さまざまな場面で私たちのコミュニケーションに干渉してくるだろう。

　しかし、そんな自動化されたソフトウェアとしてすぐに思い浮かぶのは、2010年頃からウェブ上で接する機会が増えた「**ボット**（Bot）」だ。

ボットとは、自動的にタスクを実行するソフトウェアプログラムを指す。1990年代初頭からインターネットの初期段階で活動していたウェブクローラー（検索エンジンのためにウェブページを自動収集するボット）が代表的で、これらはインターネット上の情報を整理する役割を担っていた。2010年前後になると、ソーシャルメディアの登場と普及、APIの広がりによって、ボットの使用は急速に拡大した。APIが公開されたことで、開発者は特定のウェブサービスやソフトウェアと連携するカスタムボットを簡単に作成できるようになり＊、自動化されたタスクの範囲が大きく広がった。そして、ソーシャルメディアには自動で内容を投稿したり応答したりする多数のボットが放たれた。

　その結果、サイバーセキュリティを専門とする企業、Imperva社の2022年のレポートによれば、世界のウェブトラフィックの約3割を悪性のボットが占めているとある。

　　これらの悪質なボットは現在、かつてないほど高度で回避能力が高く、人間の行動を模倣しているため、検出や防止が難しくなっている。(Imperva社のレポートサマリーより抜粋、筆者訳)

　さらに、2017年頃からは画像生成AIを用いたフェイク画像やフェイク動画の問題も報告されている。

　こうした流れを振り返ると、巧妙なフェイクニュースやフェイクプロフィールを含む悪性AIエージェントが今後激増することは想像に難くない。

　＊：「マッシュアップ」と呼ばれるAPIを用いたサービス連携が流行ったのもこの頃だ。

人間とAIの共生

　ソーシャルメディアを中心とするコミュニケーションの生態系にAIエージェントが浸透してきたとき、「**エコーチェンバー**(Echo Chamber,反響室)」のような問題も今とは違った様相を帯びてくるだろう。

　エコーチェンバーとは、意見や嗜好の近い者同士が選択的に関わることで、自身の周囲から異質な意見や存在が排除され、自分たちの考えが唯一正しいという誤った認識が強化されてしまう現象だ。これによって、社会の分断や党派的な対立がより深まることになる。

　第三者の悪意が駆動するフェイクメディアの流通については、対策用AIなども開発され、いたちごっこが熾烈になるだろう。しかし、エコーチェンバーはそうした悪意ではなく、私たち自身の選好によって生み出される認知的で構造的な問題だ。人間を模した、私たちに従順な「賢い」AIエージェントと関わる機会が増えれば、そうした傾向は加速されるだろう。これを打破するエイリアンのようなAIエージェントを設計することは可能だろうか。

　エール大学の白土寛和氏[1]らは、20のノードを持つネットワークに配置された参加者（人間とボット）が協力して全体最適を行うというユニークな実験[2]をデザインした。参加者は与えられた3色の中から1色を選び、自分と直接隣接する参加者の色しか見ることはできない。自分の色は自由に変更することができ、ネットワーク全体ですべての隣り合う参加者が異なる2色になることがゴールだ。全体最適のパフォーマンスはゴールに到達するまでに要した時間によって測られる。したがって参加者は、隣人の色を見て自分が色を変えるか、それとも隣人が色を変えるのを待つか、選択を迫られる。そこにはゲーム的状況が発生し、自分がどのような行動を行うのが全体として最適かは明

らかではない。実験の結果、ネットワークに配置されたボットが小さなランダム性を持って色を変えることで、ネットワークは局所最適な状態から脱出し、全体最適に達しやすいことが明らかになった。この実験が示唆するのは、それほど賢くないAIエージェントであっても、全体最適という観点からは効果的に機能し得る状況があるという洞察だ。

すなわち、社会集団に適切に配置されたボットが潤滑油的に機能することで、社会全体のパフォーマンスが高まる可能性がある。

一方で、そうしたノイズのような振る舞いをするAIエージェントに対しては、人々の受容性が問題になるだろう。

たとえば、目的地に同じ時間で到達できるルートが2本あるとき、何も情報がなければ、人々はいずれかひとつをエイヤッで選択するしかない。結果、流量は確率的に半々になり、混雑具合もそれなりだ。では、もし混雑情報をリアルタイムに知ることができたらどうだろうか。多くの人々は出発時に空いているほうを選択するに違いない。運悪く人々の出発するタイミングが重なったとき、結果、そのルートに車が殺到し、深刻な渋滞が発生することになる。つまり、情報が集団の振る舞いを同期させ、全体のパフォーマンスを低下させる場合があるのだ。したがって、情報を隠蔽することは時として全体最適の手段になり得る。しかし、仮にそうであったとしても、一度情報へのアクセス手段を持ってしまった私たちがそれを持たない元の世界に戻ることは容易ではない。ノイジーな振る舞いをするAIエージェントについても同様で、個々人にとってメリットがあると思わせる工夫が必要だ。

AIエージェントがエコーチェンバーの問題に正面から対処するためには、多様な視点や意見、それらの背景を理解し、何らかの妥協点を

見つけ、それらを適切に統合する能力が求められる。これは単に個人の嗜好や信念に合わせて情報を提供するだけでなく、新しい視点を提供して、私たちの思考の幅を広げるという困難な役回りだ。そのためには、集団の多様性を単なる違いではなく相互理解の基盤として捉え、課題に対して複数の視点と解決の道筋を提供できるように、慎重に設計されたAIエージェントの学習ポリシーと設計や運用に関するガイドラインが不可欠だろう。

＊1：2024年5月現在はカーネギーメロン大学に所属。
＊2：Hirokazu Shirado & Nicholas A. Christakis「Locally noisy autonomous agents improve global human coordination in network experiments」(Nature volume 545, p.370-374／2017)
https://www.nature.com/articles/nature22332

おわりに

　ChatGPTの登場以来、ハルシネーションや訓練データに内在する偏見、捏造、科学的なナンセンスといった問題が注目されてきた。さらに、人間の価値観や信念、思考方法を模倣しつつも、その外側から調停者として機能するようなエージェントを実現するためには、多くの技術的および社会的な課題を乗り越える必要があるだろう。話題はついついシリアスな方向に偏りがちだ。

　しかし、AIエージェントの核となる大規模言語モデルは、今後現在の推論能力や生成能力を大きく超えていくことは間違いない。さらに、私たち人間との継続的な会話やAIエージェント同士の相互作用、進化的な学習環境、さまざまなアプリケーションや外部ハードウェアとの連携などを通して、AIエージェントは現実世界における課題解決能力を高めていくだろう。

　このようなAIエージェントは、生命体のような自律的なシステムと似ており、所与の環境への適応やパターンマッチングを超えた、ルール自体を変革するようなオープンエンドな創造性を発揮できるかもしれない。つまり、AIエージェントは言語理解や生成能力の向上だけでなく、自律性や身体性、社会性を獲得することで、新しいタイプの人工知能へと進化していく可能性を秘めている。このような進化は人間とAIの関係性やAIの活用方法に大きな変化をもたらし、AI技術の新たな段階を示すものになるだろう。

　米国西海岸のテック業界では、近い将来における **AGI**（Artificial General Intelligence, 汎用人工知能）の実現を本気で信じている技術者が少なからずいると聞く。そうした技術者らがAIアライメントの問

題に積極的な理由は、昨今の技術開発のスピード感を目の当たりにすると、AGIの実現を見据えた肌感覚の裏返しなのだと理解できる。これまで、AGIが具体的に指す内容 ―― 何をもって汎用と考えるのかは技術革新とともに更新され続けてきたのが実際のところだろう。しかし、AIエージェントが浸透する社会、あるいは **ASI**（Artificial Superintelligence, 人工超知能）にまで想像を飛躍させると、人間自身の変化も静かに、しかし着実に進行していくだろう。AGI（人間並み）というアイデアそのものが置き去りにされてしまいそうである。

謝辞

　まず初めに、プロンプトエンジニアリングに関わる技術の研究や実践を推し進めてきた方々、Webや書籍などで有用な情報を公開してくださる方々にお礼申し上げます。中でも、Dr. Jules Whiteが提供する「ChatGPTのためのプロンプト・エンジニアリング」（Coursera）では、本書で紹介する多くのプロンプトパターンの参考にさせていただきました。

　また、筑波大学の岡研究室のメンバーである岡部純弥さんと岩橋七海さんには、貴重なフィードバックを提供していただきました。お二人の鋭い洞察と建設的な批判が、本書の質を高める一助となりました。ここに特別な感謝の意を表します。

　そして、長期間にわたり伴走していただいた翔泳社の関根康浩さんをはじめとして、本書の執筆を支えてくださったすべての方々に心より感謝申し上げます。ありがとうございます。

　最後に、この本を手に取ってくださった読者の皆様にも深く御礼申し上げます。本書が皆様の知識と理解を深めるための役に立てれば幸いです。

岡瑞起

橋本康弘

著者紹介

岡瑞起（Mizuki Oka）

研究者。筑波大学システム情報系 准教授 / 株式会社 ConnectSphere 代表取締役。2003年、筑波大学第三学群情報学類卒業。2008年、同大学院博士課程修了。博士（工学）。同年より東京大学 知の構造化センター特任研究員。2013年、筑波大学システム情報系 助教を経て現職。専門分野は、人工生命、ウェブサイエンス。著書に『ALIFE｜人工生命　より生命的な AI へ』（株式会社ビー・エヌ・エヌ）、『作って動かす ALife ― 実装を通した人工生命モデル理論入門』（オライリージャパン）などがある。

橋本康弘（Yasuhiro Hashimoto）

研究者。会津大学コンピュータ理工学部上級准教授。1995年、東京大学工学部卒業。2000年、同大学院博士課程修了。博士（工学）。学術振興会特別研究員、東京大学工学系研究科講師、筑波大学システム情報系助教などを経て現職。専門分野は、人工生命、計算社会科学。訳書に『ネットワーク科学入門』（丸善出版株式会社）、『人工知能チューリング / ブルックス / ヒントン』（株式会社岩波書店）などがある。

ブックデザイン：宮嶋章文
DTP：株式会社シンクス
編集：関根康浩

AI時代の質問力　プロンプトリテラシー

「問い」と「指示」が生成 AI の可能性を最大限に引き出す

2024年 7月10日　初版第1刷発行
2024年 9月25日　初版第3刷発行

著　　　者	岡 瑞起 橋本 康弘
発 行 人	佐々木 幹夫
発 行 所	株式会社 翔泳社（https://www.shoeisha.co.jp）
印刷・製本	株式会社 広済堂ネクスト

ISBN 978-4-7981-8345-9　　　　　　　　　　　　　　Printed in Japan